Catalogue of Oracle Bones at Jilin University

吉林大學藏甲骨集

下

吳振武　主編

吳振武　張文立　副主編

張文立　周忠兵　崎川隆　何景成　編著

吳振武

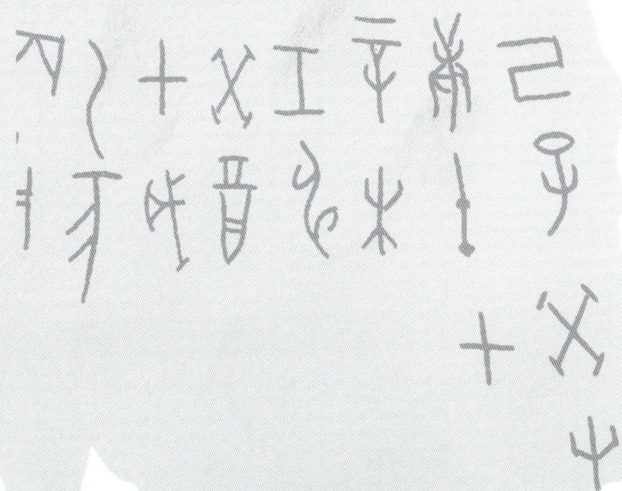

上海古籍出版社

拓本　本

摹本　本

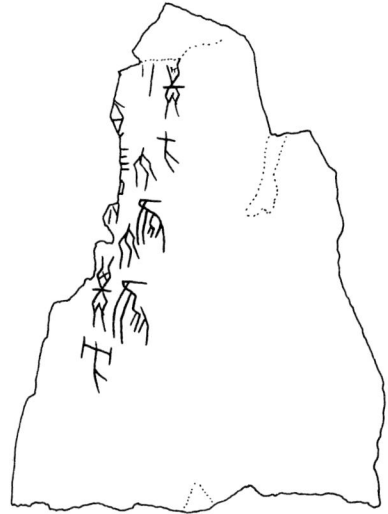

1 拓本　　　　　　　　　　　　　摹本

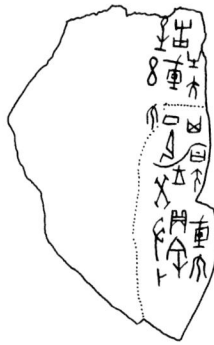

3 拓本　　　　　摹本

2 拓本　　　　　摹本

4 拓本　　　　　摹本

5 拓本　　　　　　　　摹本

6 拓本　　　　　　　摹本

 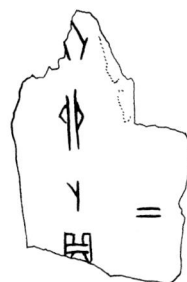

7 拓本　　　　　　　摹本

 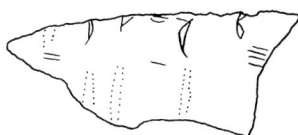

8 拓本　　　　　　　摹本

 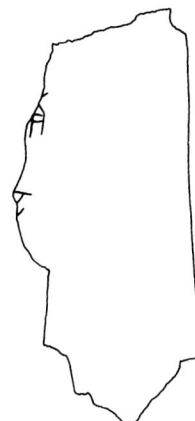

9 拓本　　　　　　　摹本

215

10 拓本　　　　　摹本

11 拓本　　　　　摹本

12 拓本 摹本

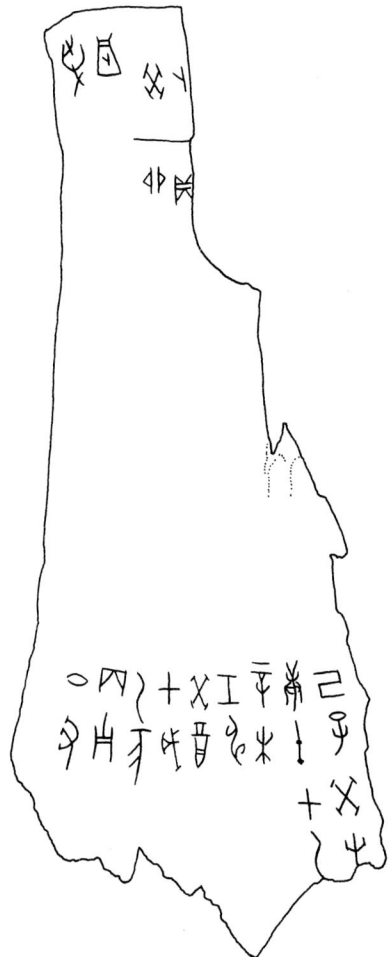

13 拓本 摹本

216

14 拓本　　　　　　　　　摹本

15 拓本反　　　　　　摹本反

16 拓本　　　　　　　　　　　摹本

217

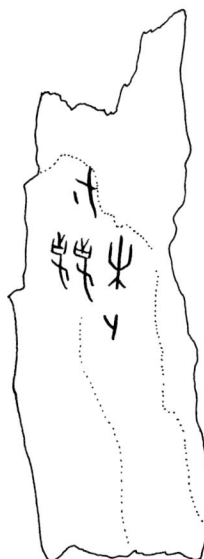

17 拓本　　　　　　　　摹本

 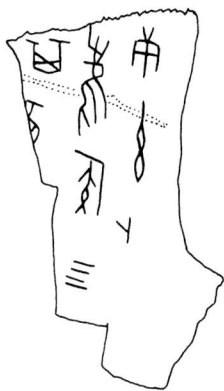

18 拓本　　　　　摹本

19 拓本　　　　　　摹本

218

20 拓本　　　　摹本

21 拓本　　　　　　摹本

22 拓本　　　　摹本　　　　　　　23 拓本　　　　　　摹本

24 拓本　　　　　摹本

25 拓本　　　　　　摹本

26 拓本　　　　　摹本

27 拓本　　　　　摹本

 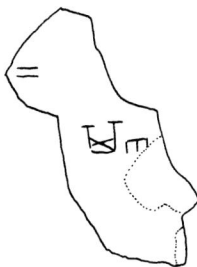

28 拓本　　　　　　摹本

29 拓本　　　　　摹本

30 拓本　　　　　　　　　摹本

 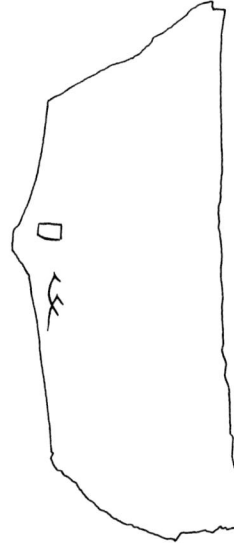

31 拓本　　　　　　　　　摹本

32 拓本　　　摹本

 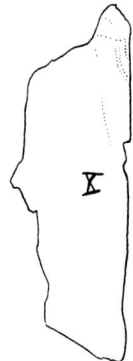

33 拓本　　　摹本

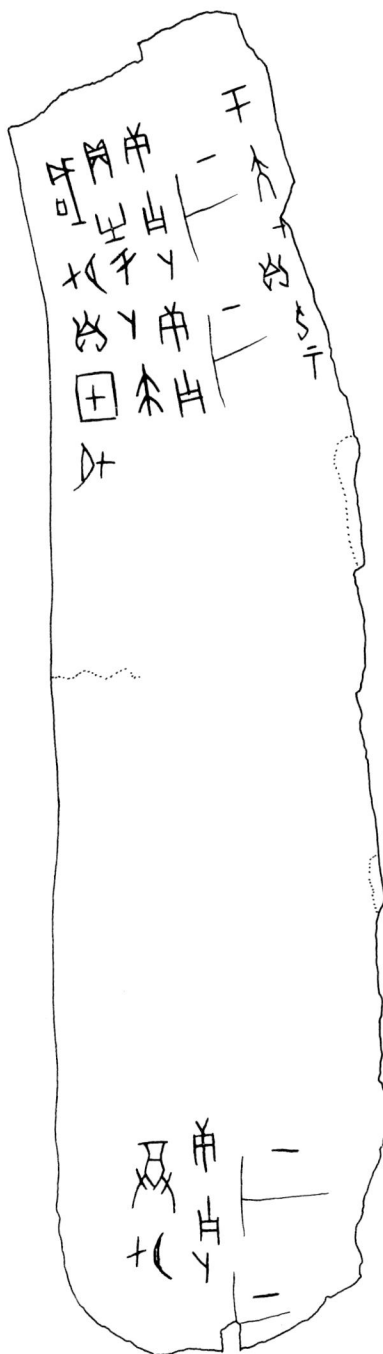

34 拓本　　　　　　　　摹本

35 拓本　　　　　　摹本

 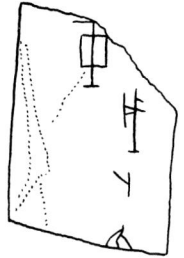

36 拓本　　　　　　摹本

 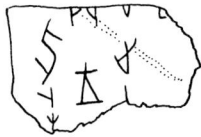

37 拓本　　　　　　摹本

 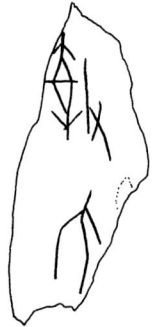

38 拓本　　　　　　摹本

39 拓本　　　　　　摹本

40 拓本　　　　　　　　　摹本

41 拓本　　　　　　摹本

 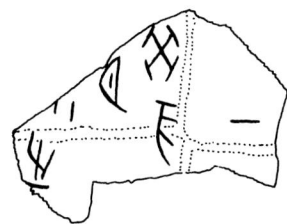

42 拓本　　　　　　摹本

43 拓本　　　　　　摹本

44 拓本　　　　　　摹本

224

45 拓本

摹本

46 拓本

摹本

47 拓本

摹本

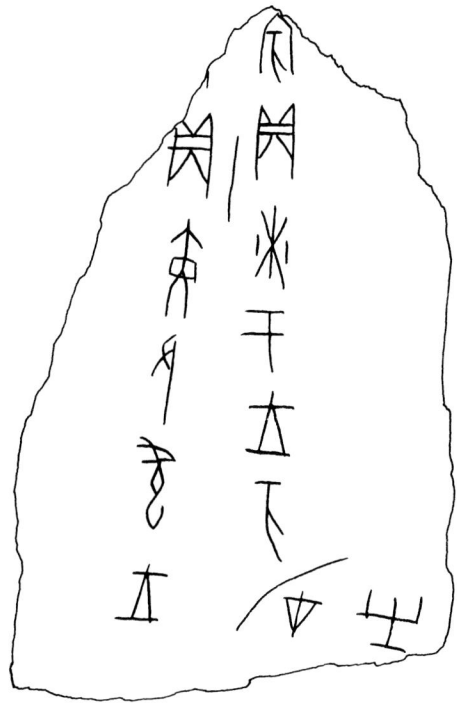

48 拓本

摹本

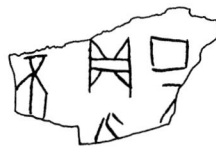

49 拓本正

拓本反

摹本正

摹本反

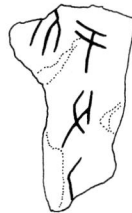

50 拓本

摹本

51 拓本正　　　　　　　　拓本反

52 拓本

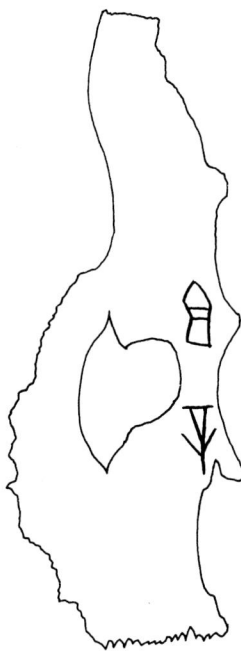
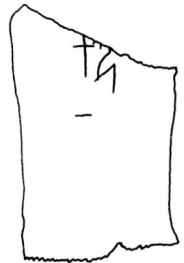

摹本

51 摹本正　　　　　　　　摹本反

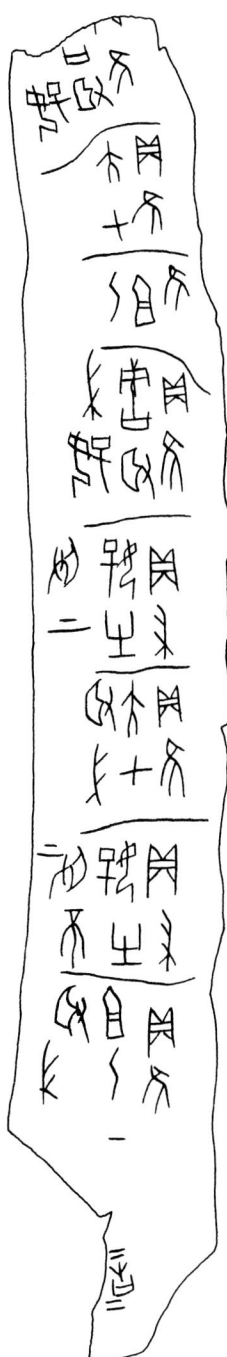

53 拓本正　　　　　　拓本反　　　　　　摹本正　　　　　　摹本反

54 拓本　　　　　摹本

55 拓本　　　　　摹本

56 拓本　　　　　摹本

57 拓本　　　　　摹本

  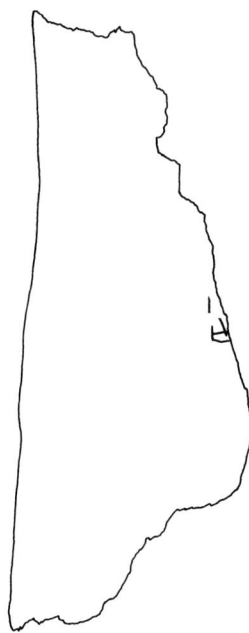 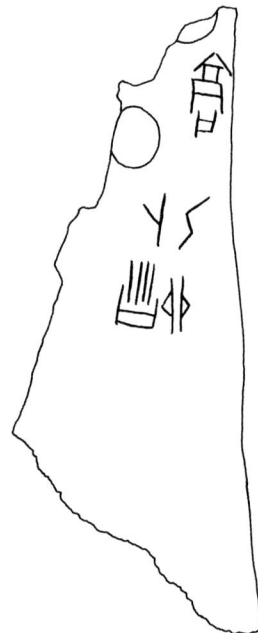

58 拓本正　　　　拓本反　　　　　摹本正　　　　摹本反

59 拓本正　　　　拓本反　　　　摹本正　　　　摹本反

  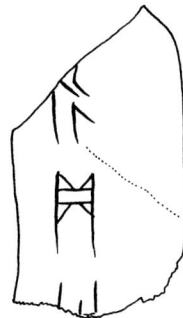 

60 拓本正　　　　拓本反　　　　摹本正　　　　摹本反

229

 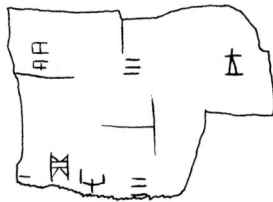  

61 拓本　　　　摹本　　　　62 拓本　　　　摹本

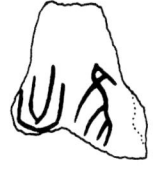

63 拓本正　　　　　拓本反　　　　　摹本正　　　　　摹本反

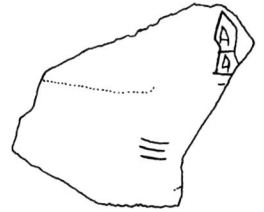

64 拓本　　　　　摹本

65 拓本　　　　　　　　摹本

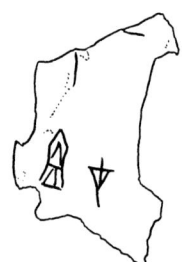

66 拓本正　　　　　拓本反　　　　　摹本正　　　　　摹本反

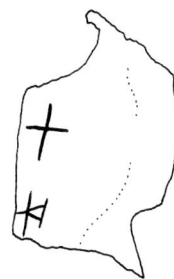

67 拓本正　　　　　拓本反　　　　　摹本正　　　　　摹本反

68 拓本　　　　　摹本　　　　　69 拓本　　　　　摹本

70 拓本　　　　　摹本

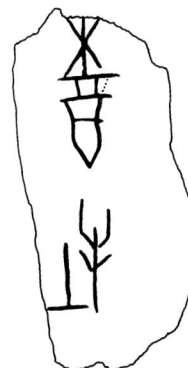

71 拓本　　　　　摹本

   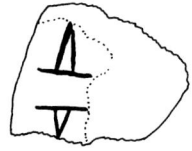

72 拓本正　　　　拓本反　　　　　摹本正　　　　摹本反

232

73 拓本正　　　　　　　拓本反

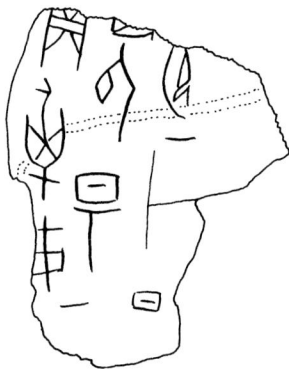 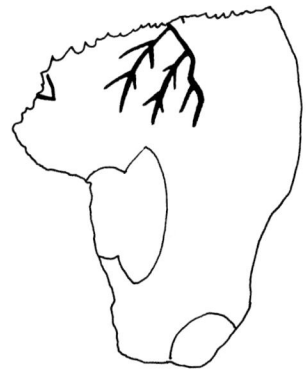

摹本正　　　　　　　摹本反

74 拓本　　　　　　　摹本

75 拓本　　　　　　摹本　　　　　　76 拓本　　　　　摹本

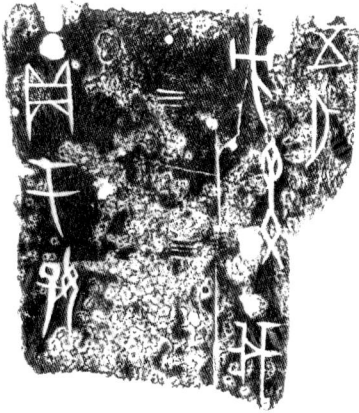 

77 拓本正　　　　　　　　　拓本反

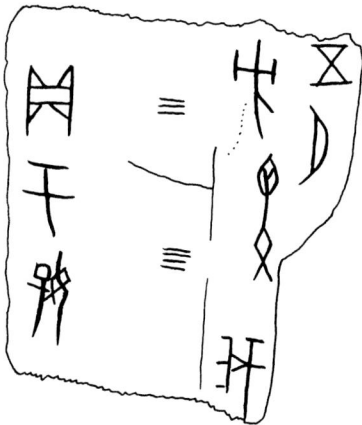 

77 摹本正　　　　　　　　　摹本反

78 拓本　　　　　　　摹本

79 拓本　　　　　　　摹本

80 拓本　　　　　　　摹本

81 拓本　　　　　　　摹本

82 拓本　　　　　　　摹本

 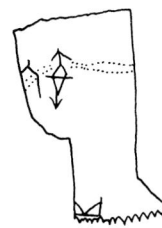

83 拓本　　　　　　　摹本

 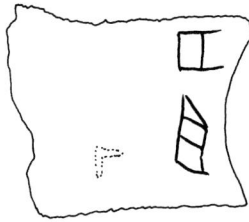

84 拓本　　　　　　　　　　摹本

85 拓本　　　　　　　　　　摹本

86 拓本　　　　　　　　　　摹本

87 拓本　　　　　　　　　　摹本

88 拓本正　　　　拓本反　　　　摹本正　　　　摹本反

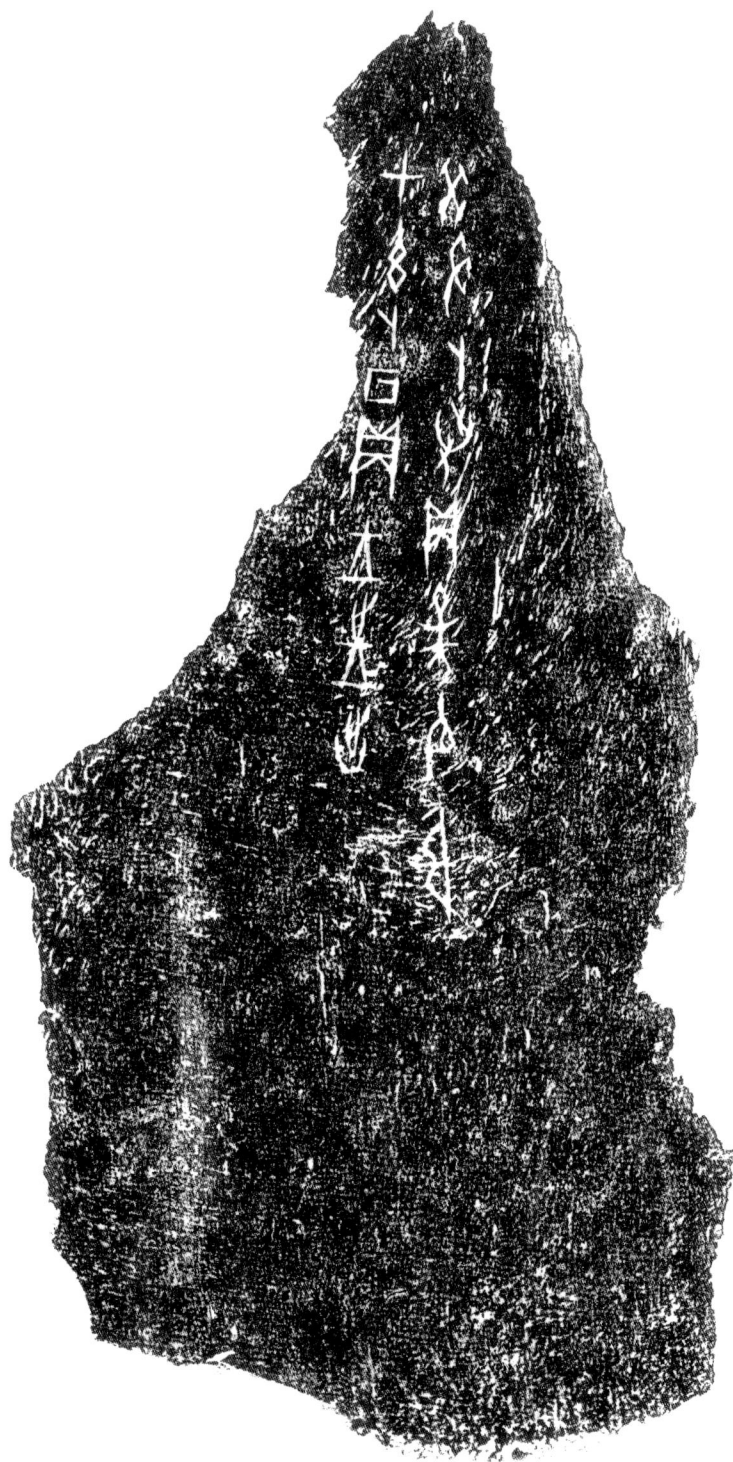

89 拓本

238

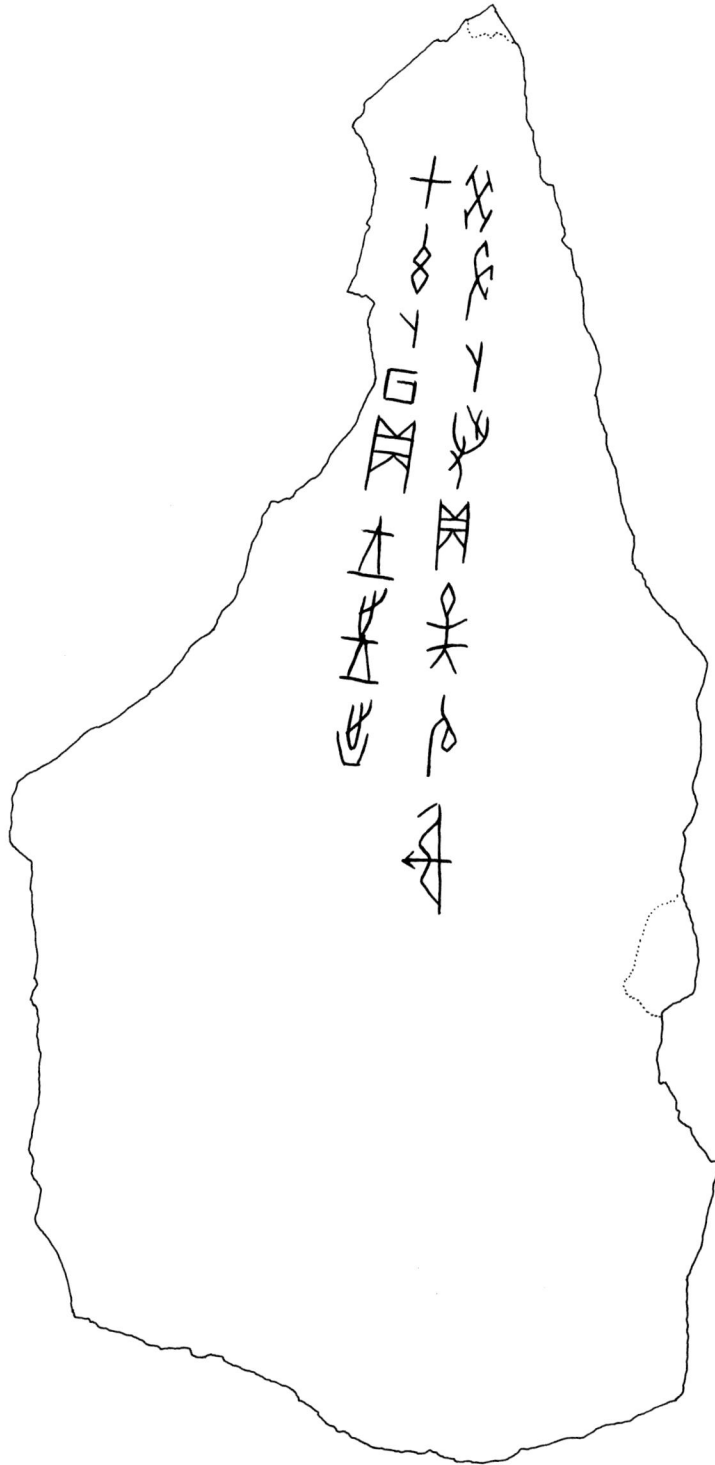

89 摹本

90 拓本　　　　　　　　　摹本

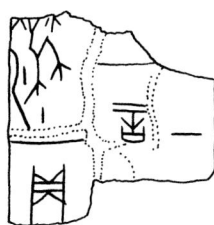

91 拓本正　　　　　拓本反　　　　　摹本正　　　　　摹本反

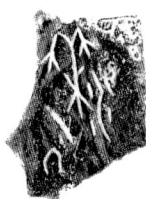

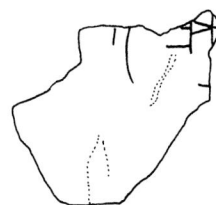

92 拓本　　　　摹本　　　　　　　93 拓本　　　　摹本

94 拓本正　　　　拓本反　　　　摹本正　　　　摹本反

95 拓本反　　　　摹本反

96 拓本正　　　　拓本反　　　　摹本正　　　　摹本反

97 拓本正

242

97 拓本反

97 摹本正

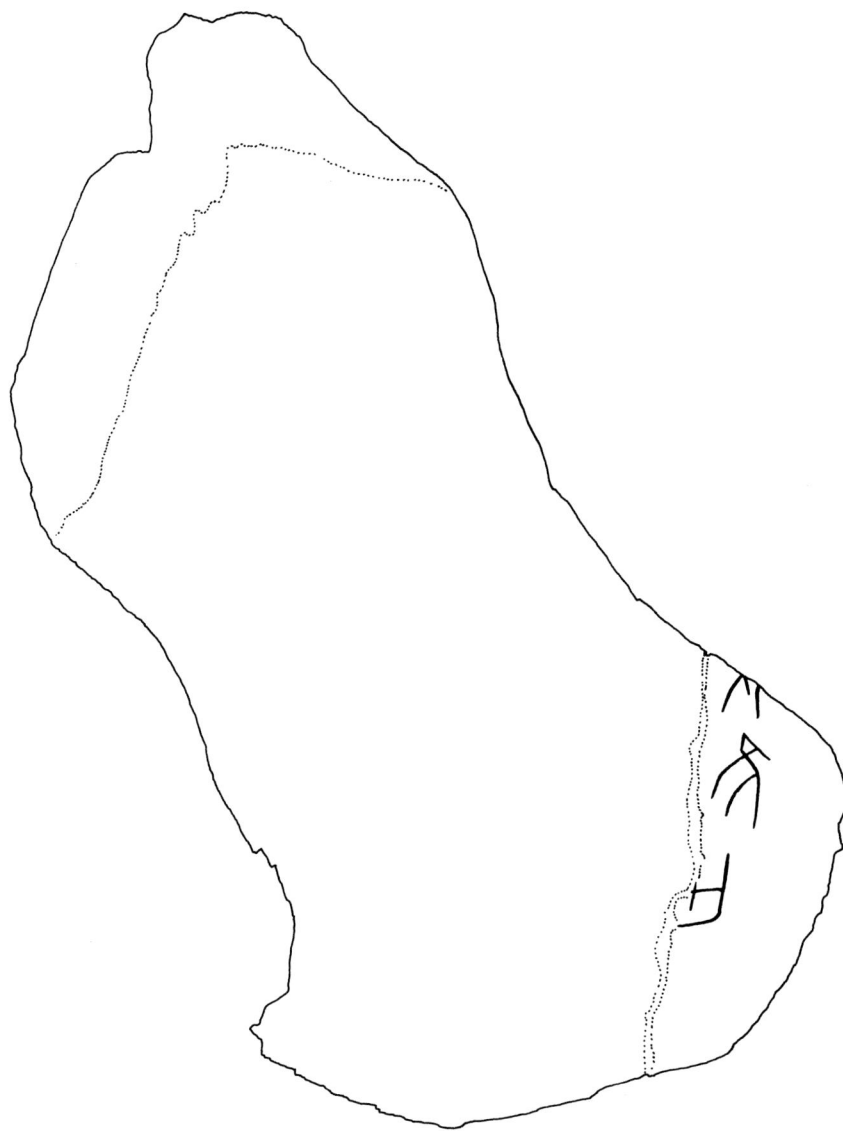

97 摹本反

98 拓本　　　　　　　　　　　　　　摹本

99 拓本　　　　摹本　　　　　　　　100 拓本　　　　摹本

245

101 拓本正　　　　　拓本反　　　　　　摹本正　　　　　摹本反

102 拓本正　　　　　　　　　　　　拓本反

102 摹本正　　　　　　　　　　　　摹本反

103 拓本　　　　　　摹本

104 拓本　　　　　摹本

 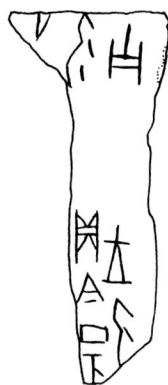

105 拓本　　　　　　摹本

106 拓本　　　　　　摹本

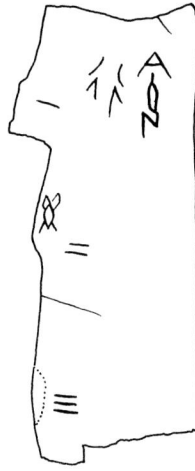
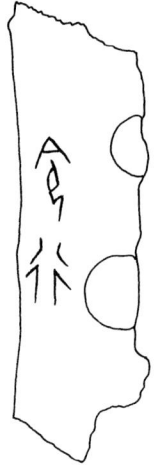

107 拓本正　　　　　拓本反　　　　　摹本正　　　　　摹本反

108 拓本正　　　　　拓本反　　　　　摹本正　　　　　摹本反

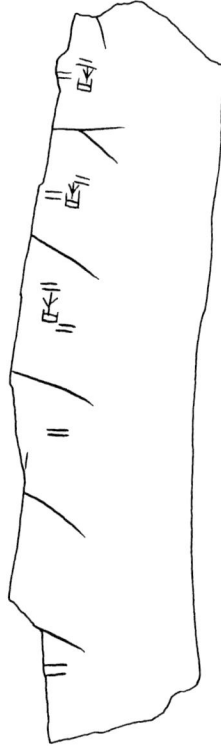
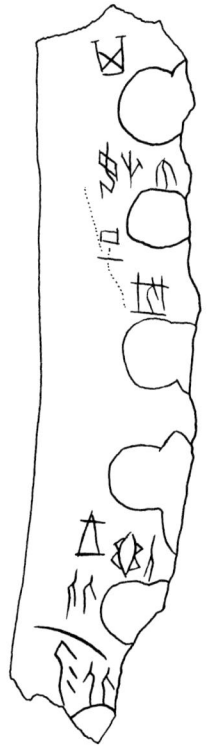

109 拓本正　　　　　拓本反　　　　　摹本正　　　　　摹本反

110 拓本正　　　　　拓本反　　　　　摹本正　　　　　摹本反

111 拓本　　　　摹本　　　　　　　　112 拓本　　　　摹本

113 拓本　　　　摹本　　　　　114 拓本正　　拓本反　　摹本正　　摹本反

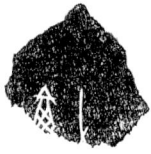 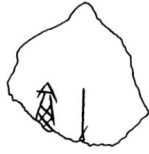

115 拓本　　　　摹本

 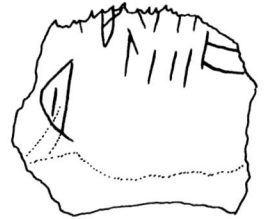

116 拓本反　　　　摹本反

117 拓本　　　　摹本

 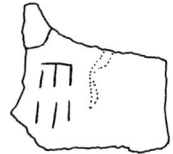

118 拓本　　　　摹本

  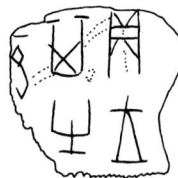 

119 拓本正　　　　拓本反　　　　摹本正　　　　摹本反

120 拓本　　　　摹本

121 拓本正

拓本反

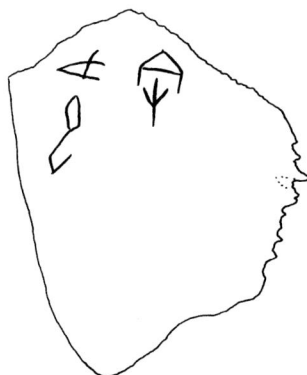

121 摹本正

摹本反

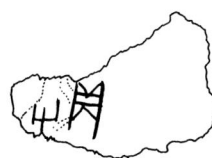

122 拓本正　　　　　拓本反　　　　　摹本正　　　　　摹本反

123 拓本 摹本

 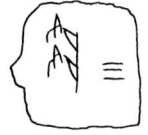

124 拓本 摹本

 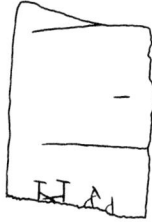

125 拓本 摹本

 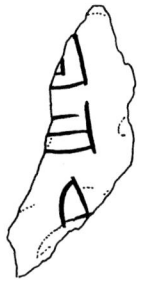

126 拓本 摹本

127 拓本 摹本

  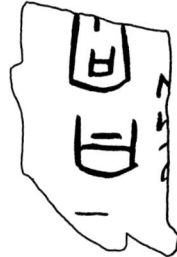 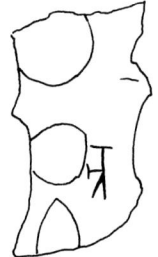

128 拓本正 拓本反 摹本正 摹本反

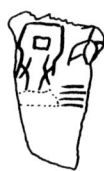

129 拓本　　　　　摹本

130 拓本正　　　　　拓本反

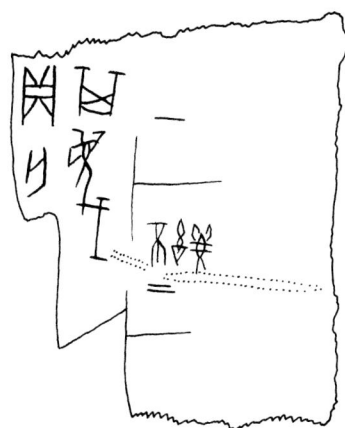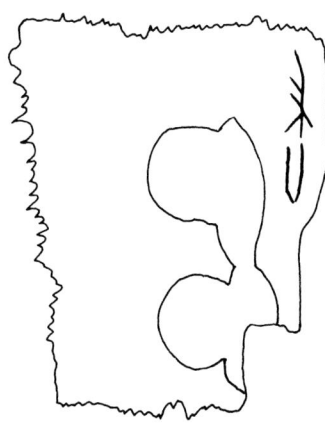

130 摹本正　　　　　摹本反

131 拓本正　　　拓本反　　　摹本正　　　摹本反

132 拓本正　　　拓本反　　　摹本正　　　摹本反

254

133 拓本　　　摹本

134 拓本　　　摹本

 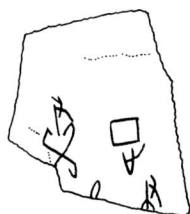

135 拓本　　　　　　　摹本

136 拓本　　　　　　　摹本

137 拓本　　　　　摹本

138 拓本　　　　　摹本

139 拓本　　　　　摹本

140 拓本　　　　　摹本

141 拓本　　　　　　摹本

142 拓本　　　　　　摹本

 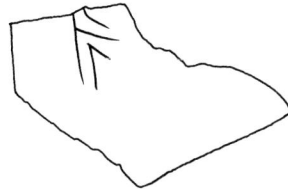

143 拓本　　　　　　　　摹本

144 拓本正　　　拓本反　　　摹本正　　　摹本反

146 拓本　　　　摹本

145 拓本　　　　　　摹本

147 拓本　　　　摹本

148 拓本　　　　摹本

149 拓本　　　　摹本

150 拓本　　　　摹本

257

151 拓本正　　　拓本反　　　摹本正　　　摹本反

 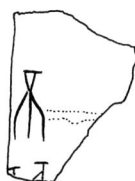

152 拓本　　　　摹本

153 拓本　　　　摹本

  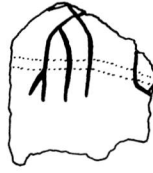 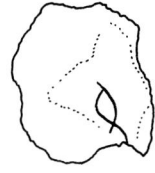

154 拓本正　　　拓本反　　　摹本正　　　摹本反

155 拓本反　　摹本反　　　　　156 拓本　　　摹本

 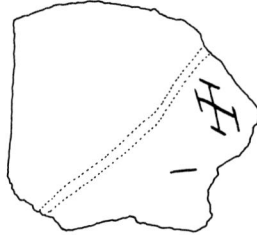  

158 拓本反　　摹本反

157 拓本　　　　　摹本

159 拓本　　　摹本　　　　　　　160 拓本　　　摹本

161 拓本　　　　　　摹本　　　　　　　　162 拓本　　　　　摹本

 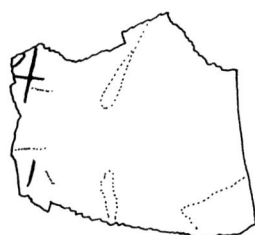  

163 拓本　　　　　　　摹本　　　　　　164 拓本　　　　　摹本

259

 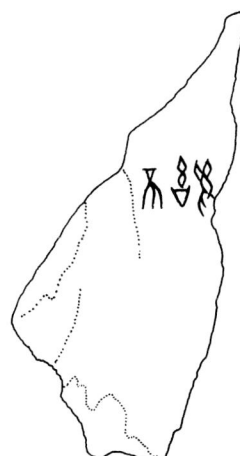

165 拓本　　　摹本　　　　　　　166 拓本　　　　　　　摹本

167 拓本　　　　　摹本

 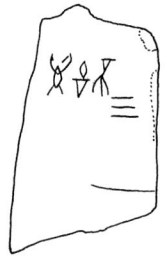

168 拓本　　　　　摹本

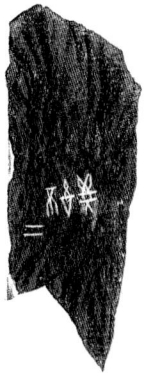 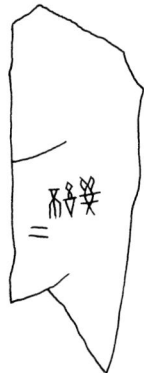

169 拓本　　　　　摹本

 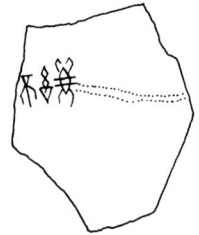

170 拓本　　　　　摹本

171 拓本　　　　　摹本

172 拓本　　　　　摹本

173 拓本　　　　摹本　　　　　　　　174 拓本　　　　摹本

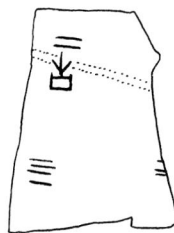

175 拓本　　　　　　摹本

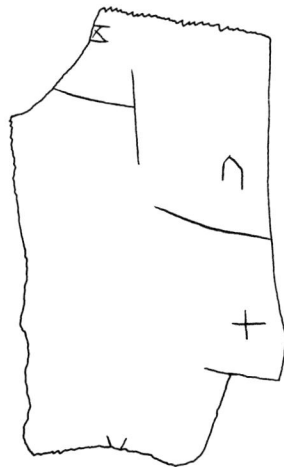

176 拓本　　　　　　　　摹本

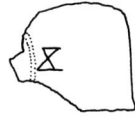

177 拓本   摹本

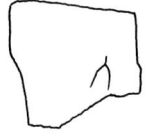

178 拓本   摹本

179 拓本   摹本

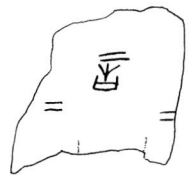

180 拓本   摹本

181 拓本   摹本

182 拓本   摹本

183 拓本   拓本反   摹本

184 拓本　　　　　　摹本　　　　　　　185 拓本　　　　　　摹本

186 拓本　　　　　　　　　　摹本

263

187 拓本　　　　　　　　　　摹本

188 拓本 　　　　　　　　　　摹本

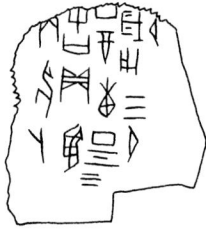

189 拓本 　　　　　　摹本

190 拓本 　　　　摹本

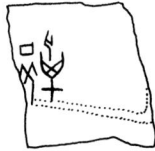

191 拓本 　　　　摹本

192 拓本 　　　　摹本

193 拓本　　　　　　摹本

194 拓本　　　　　　摹本

195 拓本　　　　　　摹本

196 拓本　　　　　　摹本

197 拓本　　　　　　　　摹本

198 拓本　　　　　摹本

 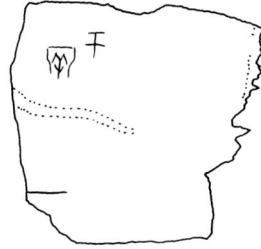

199 拓本　　　　　　　　摹本

200 拓本　　　　　　　　摹本

266

201 拓本　　　摹本　　　　　202 拓本　　　摹本

203 拓本　　　摹本　　　　　204 拓本　　　摹本

205 拓本　　　　　　　　摹本

206 拓本　　　　　　　　摹本

207 拓本　　　　　　　　摹本

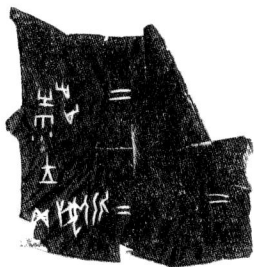 

208 拓本　　　　　　　　摹本

 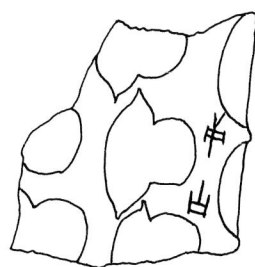

209 拓本正　　　　　　拓本反　　　　　　摹本正　　　　　　摹本反

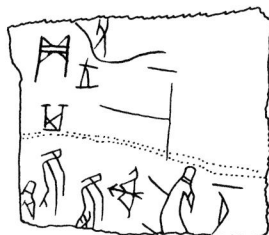

210 拓本　　　　　　　　　摹本

211 拓本　　　　　　　摹本

212 拓本　　　　　　　摹本

213 拓本　　　　　　　摹本

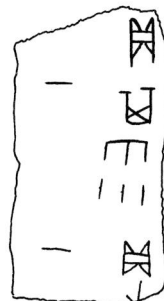

214 拓本　　　　　　　　摹本

215 拓本　　　　　　摹本

216 拓本　　　　　　摹本

 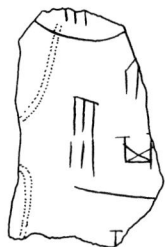

217 拓本　　　　　　摹本

 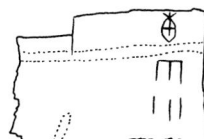

218 拓本　　　　　　摹本

219 拓本　　　　　　摹本

 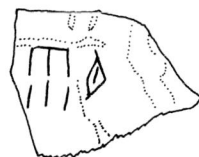

220 拓本　　　　　　摹本

 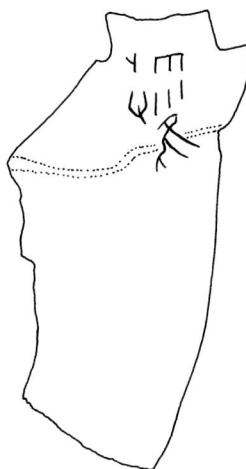

221 拓本　　　　　　　　　　　摹本

222 拓本　　　　摹本

223 拓本　　　　　　　摹本

224 拓本　　　　　摹本

 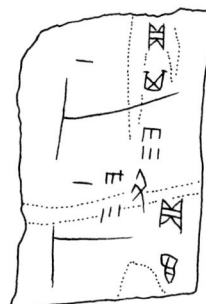

225 拓本　　　　　　　摹本

226 拓本　　　　　　摹本

227 拓本　　　　　　摹本

228 拓本　　　　　　摹本

229 拓本　　　　　　摹本

230 拓本　　　　　　摹本

231 拓本　　　　　　摹本

232 拓本　　　　　　摹本

 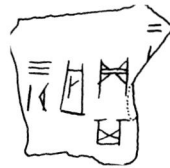

233 拓本　　　　　　摹本

 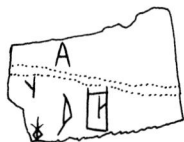

234 拓本　　　　　　摹本

235 拓本　　　　　　摹本

236 拓本　　　　　　　　　　摹本

237 拓本　　　　　　摹本

238 拓本　　　　摹本

 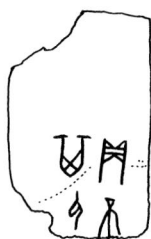

239 拓本　　　　摹本

240 拓本　　　　摹本

 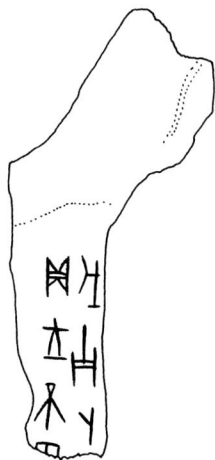

241 拓本　　　　　　摹本

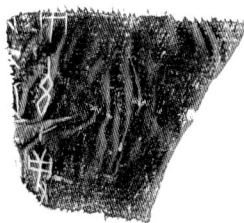 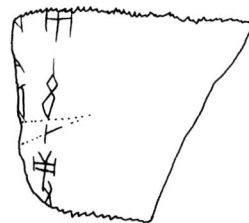

242 拓本　　　　摹本

243 拓本　　　　　　摹本

244 拓本　　　　　　摹本

245 拓本　　　　　　摹本

 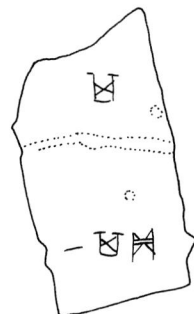

246 拓本　　　　　　摹本

 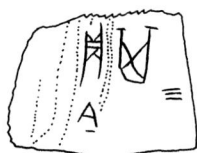

247 拓本　　　　　　摹本

248 拓本　　　　　　摹本

 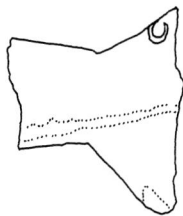

249 拓本　　　　　　　摹本

 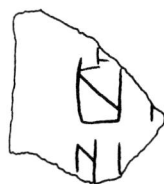

250 拓本　　　　　　　摹本

251 拓本　　　　　　　　　　摹本

252 拓本　　　　　　　　　　摹本

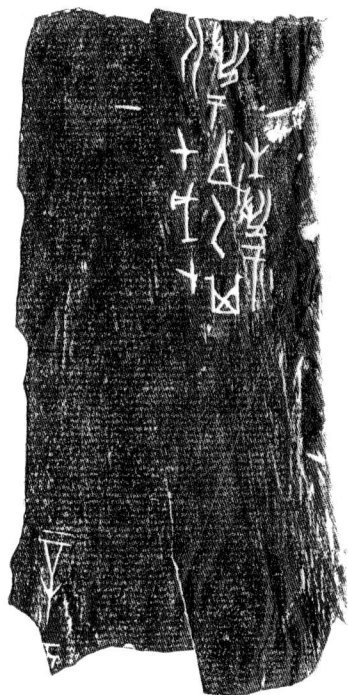 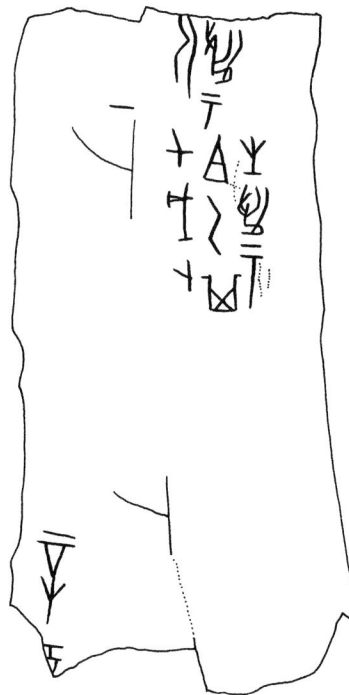

253 拓本　　　　　　　　　　摹本

 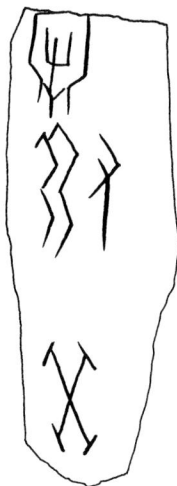

254 拓本　　　　　　　　摹本

255 拓本　　　　　　　　摹本

278

256 拓本　　　　　　摹本

  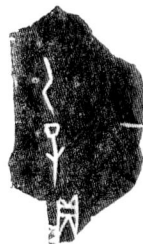 

257 拓本　　　　　摹本　　　　　258 拓本　　　　　摹本

259 拓本　　　　　　摹本

260 拓本　　　　　　　摹本

261 拓本　　　　　　　摹本

262 拓本　　　　　　摹本

279

263 拓本　　　　　　摹本

264 拓本　　　　　　摹本

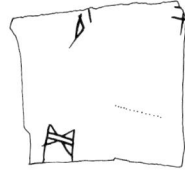

265 拓本　　　　　　　摹本

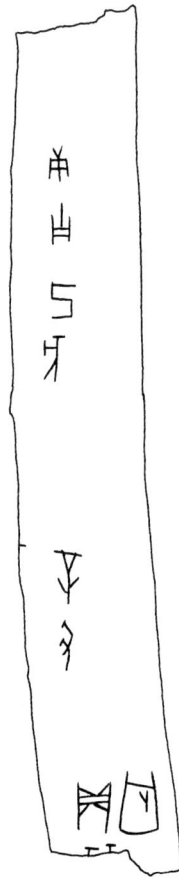

266 拓本　　　　　　　摹本

 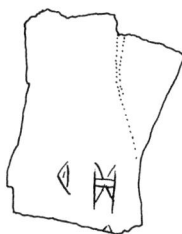

267 拓本　　　　　摹本　　　　　　268 拓本　　　　　摹本

 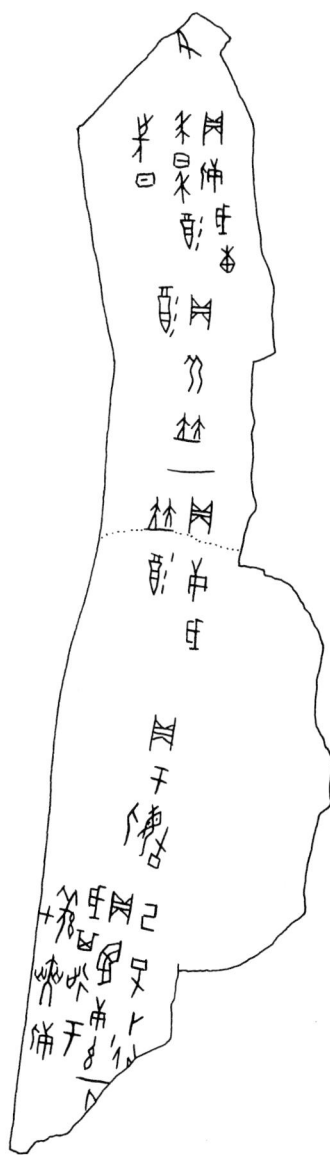

269 拓本　　　　　　　　　　　　摹本

 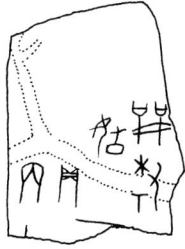

270 拓本　　　　　　摹本

 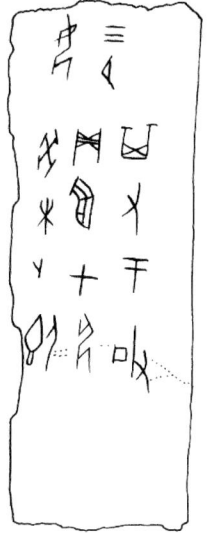

271 拓本　　　　　　摹本

272 拓本　　　　摹本　　　　　273 拓本　　　　摹本

274 拓本　　　　摹本　　　　　275 拓本　　　　摹本

 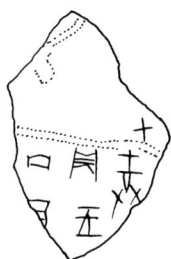

276 拓本　　　　　摹本

277 拓本　　　　　摹本

278 拓本　　　　　摹本

279 拓本　　　　　摹本

283

280 拓本　　　　　摹本

281 拓本　　　　　摹本

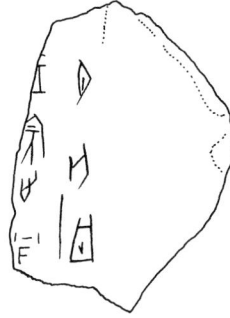

282 拓本　　　　　　　摹本

283 拓本　　　　摹本

284 拓本　　　　摹本

285 拓本　　　摹本

286 拓本　　　　　　摹本

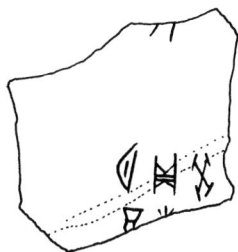

287 拓本　　　　　　　　摹本

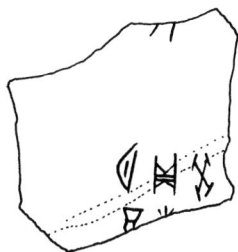

288 拓本　　　　摹本

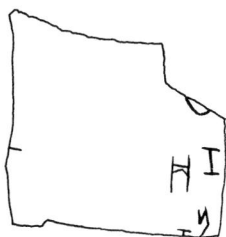

289 拓本　　　　　　　　摹本

290 拓本　　　　　　摹本

291 拓本　　　　　摹本

292 拓本　　　　　　摹本

293 拓本　　　　　摹本

294 拓本　　　　　摹本

 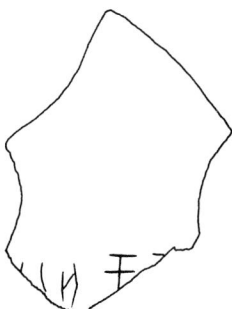

295 拓本　　　　　摹本

296 拓本　　　　　摹本

297 拓本　　　　　摹本

 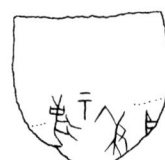

298 拓本　　　　　摹本

299 拓本　　　　　　　　　　　　摹本

300 拓本　　　　　　摹本　　　　　301 拓本　　　　　摹本

302 拓本　　　　　　　　　　　　摹本

303 拓本　　　　　　　摹本

304 拓本　　　　　　　摹本

306 拓本　　　　　　　摹本

305 拓本　　　　　　　摹本

307 拓本　　　　　　　摹本

308 拓本　　　　　　　　　　摹本

310 拓本　　　　　　　摹本

309 拓本　　　　　　　摹本

311 拓本　　　　　摹本

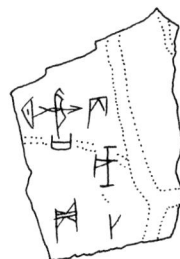

312 拓本　　　　　　　　摹本

 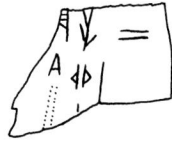

313 拓本　　　　　　摹本

 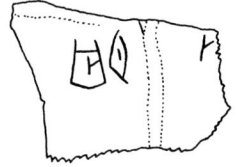

314 拓本　　　　　　　　摹本

315 拓本　　　　　　摹本

316 拓本　　　　摹本

317 拓本　　　　摹本

318 拓本　　　　　　　摹本

319 拓本　　　　　摹本

 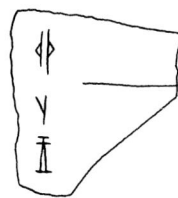

320 拓本　　　　　摹本

 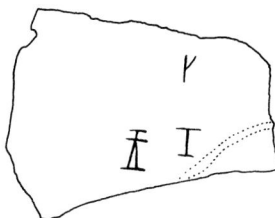

321 拓本　　　　　摹本

322 拓本　　　　　摹本

323 拓本　　　　　摹本

324 拓本　　　　　摹本

325 拓本　　　　　摹本

326 拓本　　　　　摹本

327 拓本　　　　　摹本

 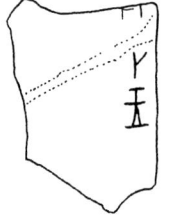

328 拓本　　　　　摹本

 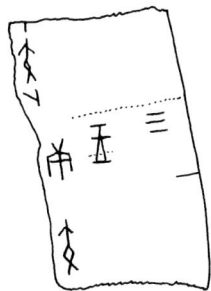

329 拓本　　　　　　摹本

 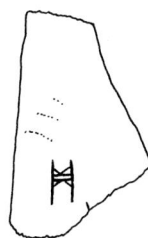

330 拓本　　　　　　摹本

331 拓本　　　　　　摹本

332 拓本　　　　　　摹本

333 拓本　　　　　　摹本

334 拓本　　　　　　摹本

335 拓本　　　　　　摹本

336 拓本　　　　　　摹本

337 拓本　　　　摹本

338 拓本　　　　摹本

294

339 拓本　　　　摹本

 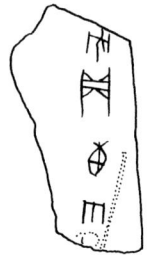

340 拓本　　　　摹本

341 拓本　　　　摹本

342 拓本　　　　摹本

343 拓本　　　　　摹本

344 拓本　　　　　　　摹本

345 拓本　　　　　摹本

346 拓本　　　　　摹本

295

347 拓本　　　　　摹本

348 拓本　　　　　摹本

349 拓本　　　　　摹本

 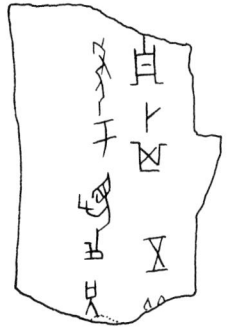

350 拓本　　　　　摹本

351 拓本　　　　　摹本

352 拓本　　　　　　　　　　摹本

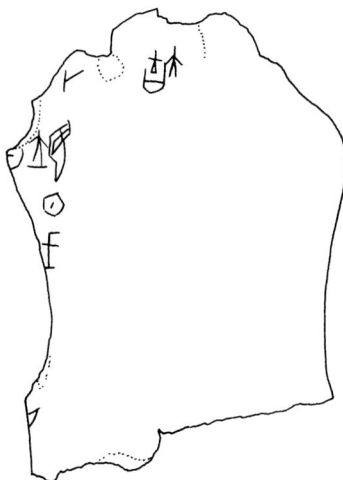

353 拓本　　　　　　　　　摹本

354 拓本　　　　摹本

355 拓本　　　　　　　　摹本

356 拓本　　　　　　　摹本

357 拓本

摹本

358 拓本

摹本

359 拓本　　　　　　摹本

360 拓本　　　　　　摹本

361 拓本　　　　　　摹本

 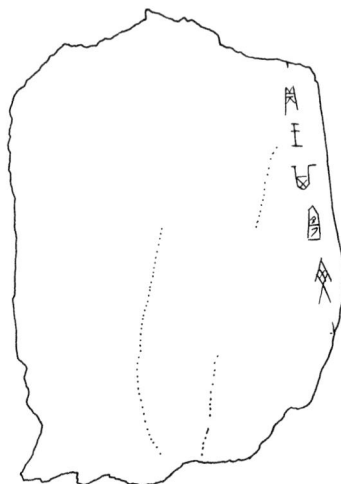

362 拓本　　　　　　摹本

363 拓本　　　　　　　摹本

364 拓本　　　　　　　摹本

365 拓本　　　　　　　摹本

366 拓本　　　　　　　摹本

367 拓本　　　　　　　摹本

368 拓本　　　　　　　摹本

369 拓本　　　　摹本

370 拓本　　　　摹本

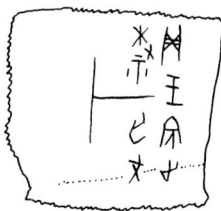

371 拓本　　　　摹本

372 拓本　　　　摹本

373 拓本　　　　摹本

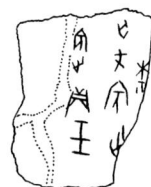

374 拓本　　　　摹本

375 拓本　　　　　　　　　　摹本

376 拓本　　　　　　　　　　摹本

377 拓本　　　　　摹本

378 拓本　　　　　　　　　摹本

303

379 拓本　　　　摹本

380 拓本　　　　　　　　　　摹本

381 拓本　　　　　　　　　　摹本

382 拓本　　　　摹本　　　　　383 拓本　　　　摹本

384 拓本　　　　摹本　　　　　385 拓本　　　　摹本

386 拓本　　　　　　　摹本

387 拓本　　　　　　　摹本

388 拓本　　　　　　　摹本

389 拓本　　　　　　　摹本

305

390 拓本　　　　　　　摹本

391 拓本　　　　　　　摹本

392 拓本　　　　　　　摹本

393 拓本　　　　　　　摹本

394 拓本　　　　　摹本

 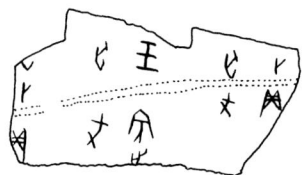

395 拓本　　　　　　　摹本

396 拓本　　　　　摹本

397 拓本　　　　　摹本

398 拓本　　　　　摹本

399 拓本　　　　　摹本

400 拓本　　　　　摹本

401 拓本　　　　　摹本

402 拓本　　　　　摹本

　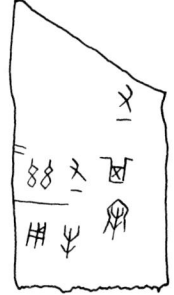

403 拓本　　　　　摹本

404 拓本　　　　　摹本

　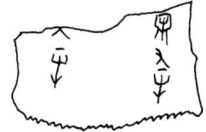

405 拓本　　　　　摹本

406 拓本　　　　　摹本

407 拓本　　　　　摹本

308

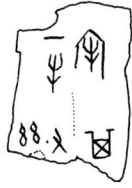

408 拓本　　　　摹本

409 拓本　　　　摹本

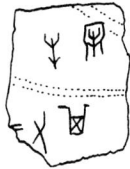

410 拓本　　　　摹本

411 拓本　　　　摹本

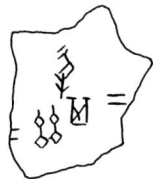

412 拓本　　　　摹本

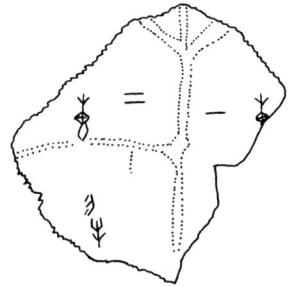

413 拓本　　　　摹本

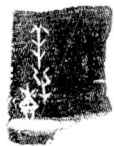 

414 拓本　　　　摹本

 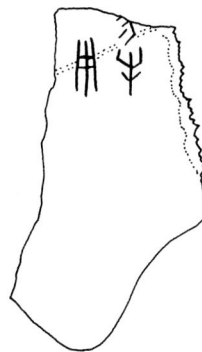

415 拓本　　　　　　　摹本

 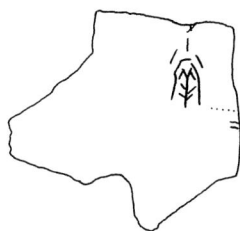

416 拓本　　　　　　摹本

 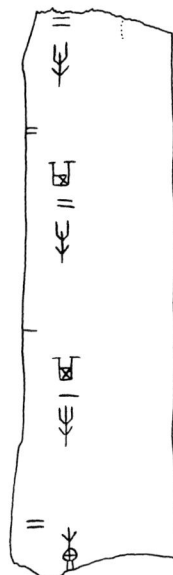

417 拓本　　　　　　摹本

418 拓本　　　　　摹本

 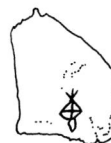

419 拓本　　　　　摹本

420 拓本正　　　　　拓本反　　　　　摹本正　　　　　摹本反

421 拓本　　　　　　　　　　摹本

422 拓本　　　　　　　　摹本

423 拓本　　　　　　　　摹本

424 拓本　　　　　摹本

425 拓本　　　　　摹本

426 拓本　　　　　摹本

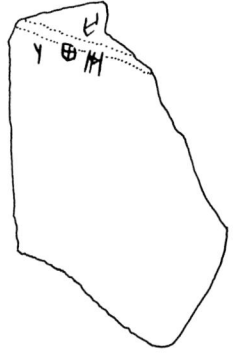

427 拓本　　　　　　　　　摹本

428 拓本　　　　　摹本

429 拓本　　　　　摹本

430 拓本　　　　　摹本

431 拓本　　　　　摹本

432 拓本　　　　　　　　　摹本

433 拓本　　　　摹本

434 拓本　　　　　　　　摹本

435 拓本　　　　　　　　　摹本

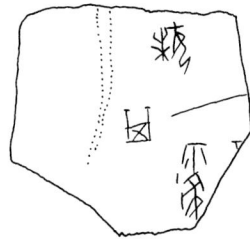

436 拓本　　　　　　　　　摹本

432 拓本 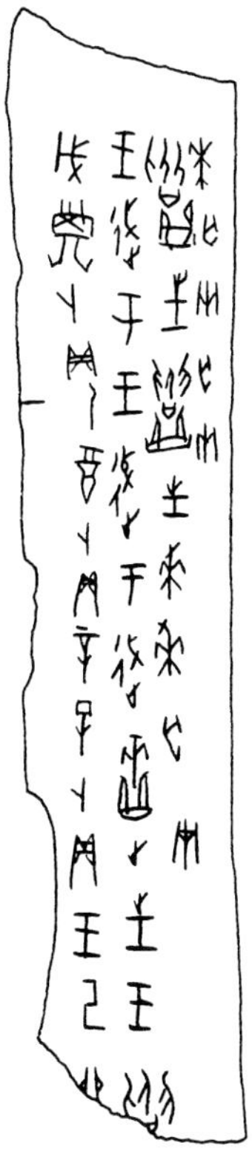　　　　　　　摹本

433 拓本 　　　　摹本

434 拓本 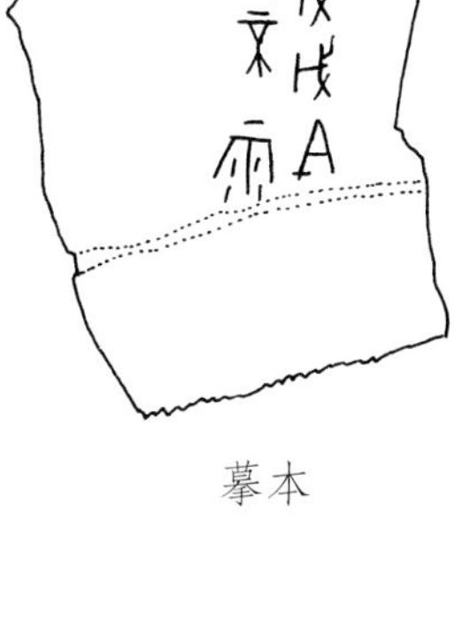　　　　　　摹本

435 拓本　　　　　　　　摹本

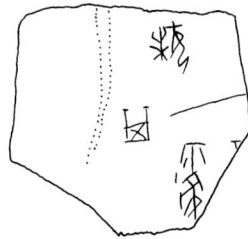

436 拓本　　　　　　　　摹本

437 拓本

摹本

438 拓本

摹本

439 拓本　　　　　　　　　摹本

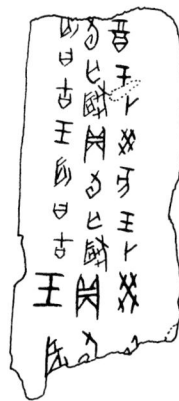

440 拓本　　　　　　　　　摹本

441 拓本　　　　　摹本

442 拓本　　　　　摹本

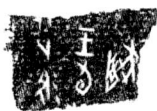　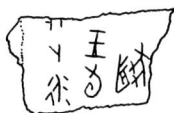

443 拓本　　　　　摹本

444 拓本　　　　　摹本

317

445 拓本　　　　　摹本

446 拓本　　　　　摹本

447 拓本　　　　　摹本

448 拓本　　　　　摹本

   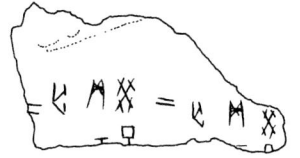

449 拓本　　　　　摹本　　　　　450 拓本　　　　　摹本

451 拓本　　　　　摹本

452 拓本　　　　　摹本

 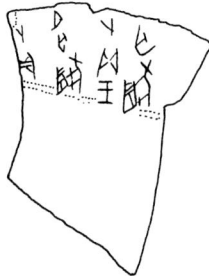  

453 拓本　　　　　摹本　　　　　454 拓本　　　　　摹本

 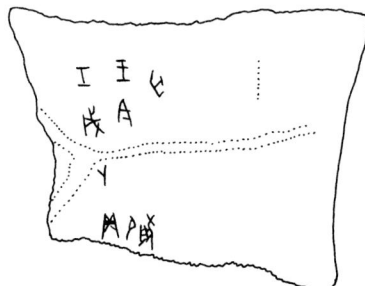

455 拓本　　　　　　　　　　摹本

 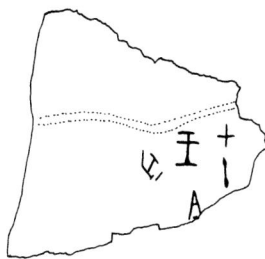

456 拓本　　　　　　　　摹本

457 拓本　　　　　摹本

458 拓本　　　　　　　摹本

459 拓本　　　　　摹本

460 拓本　　　　　摹本

461 拓本　　　　　　摹本

462 拓本　　　　　　　　　　　摹本

463 拓本　　　　摹本　　　　　464 拓本　　　　　摹本

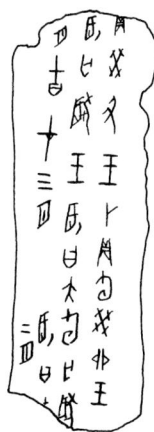

465 拓本　　　　　　　　　　　摹本

466 拓本　　　　　　　　摹本

467 拓本　　　　　　　　摹本

468 拓本　　　　　　　　摹本

 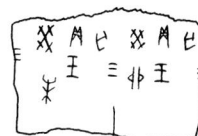

469 拓本　　　　　　　　摹本

321

 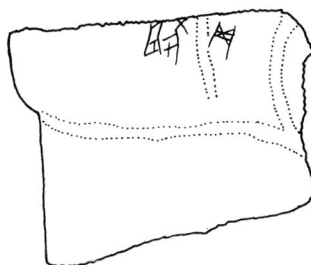

470 拓本　　　　　　　　摹本

471 拓本　　　　　摹本　　　　　　　472 拓本　　　　　摹本

473 拓本正　　　　　　　　　　拓本反

473 摹本正　　　　　　　　　　摹本反

474 拓本正　　　　拓本反　　　　摹本正　　　　摹本反

475 拓本　　　　　　摹本

476 拓本　　　　　　摹本

 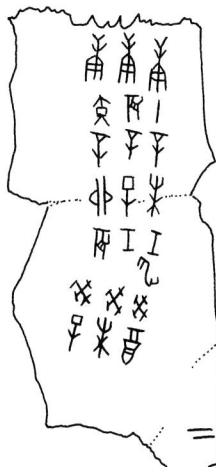

477 拓本　　　　　　　　　摹本

323

478 拓本　　　　　　　　　摹本

479 拓本　　　　　摹本

480 拓本　　　　　摹本

481 拓本

482 拓本

483 拓本

484 拓本

485 拓本

486 拓本

487 拓本

488 拓本

489 拓本

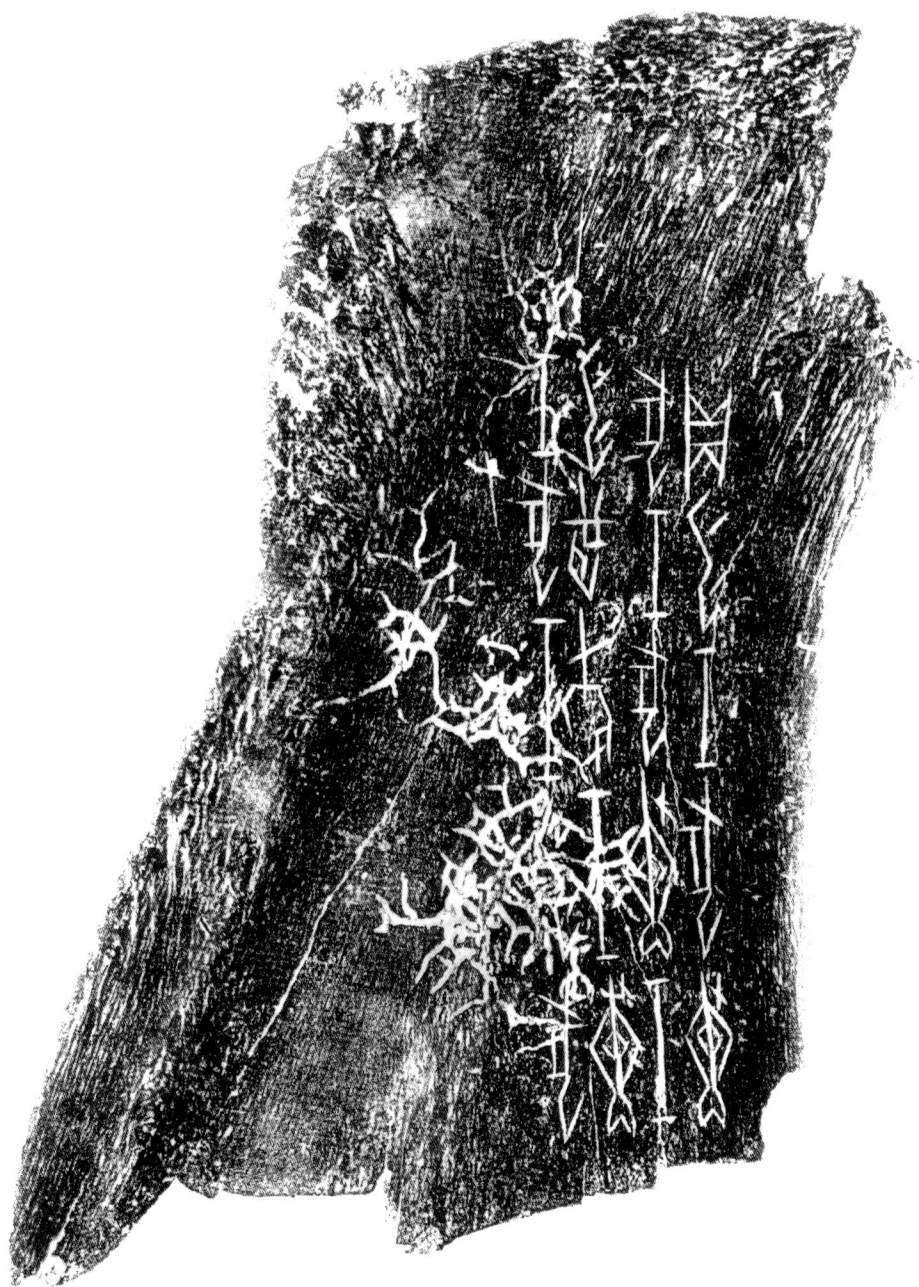

327

490 拓本

491 拓本

492 拓本

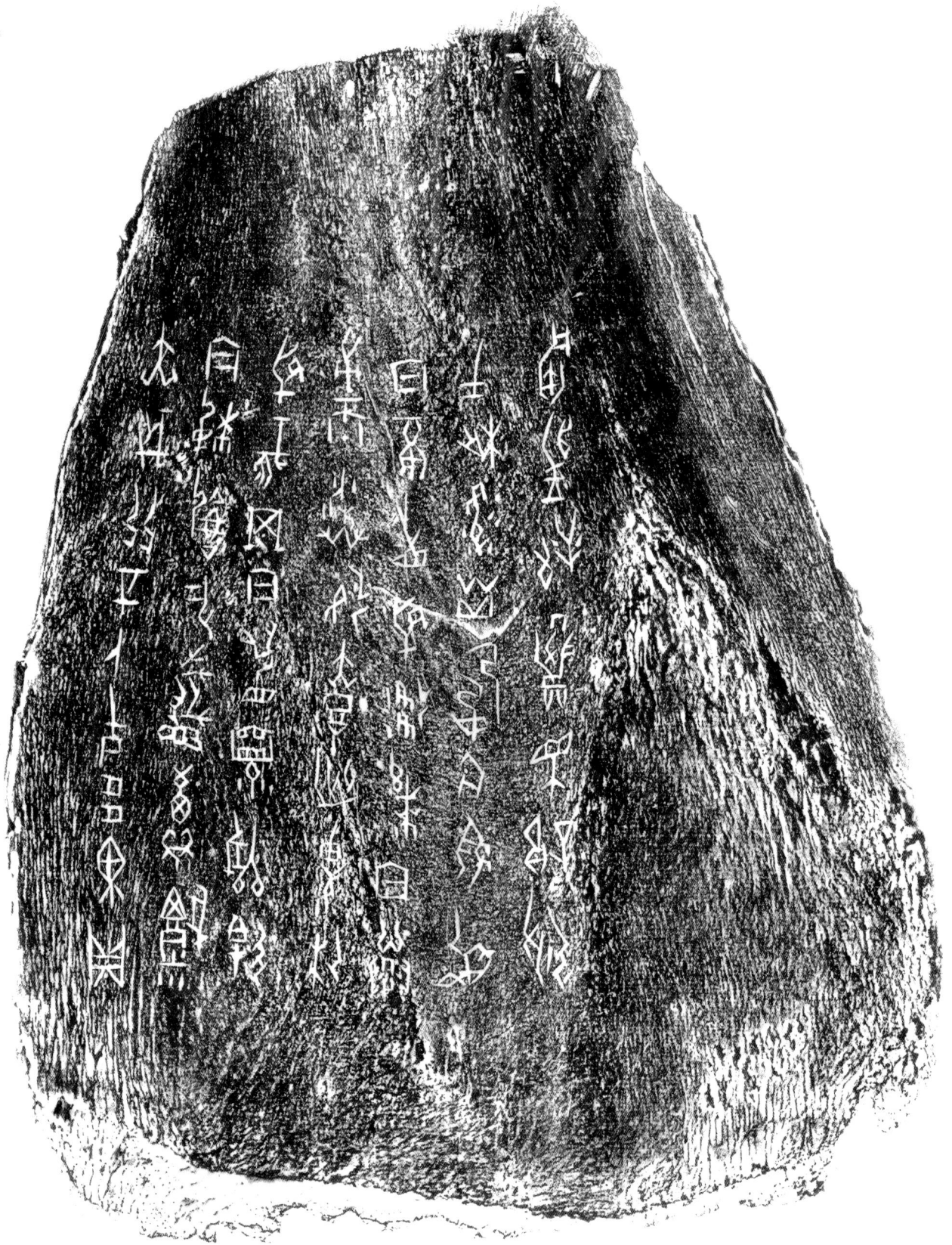

493 拓本

材料解說與釋文

1（7-613）

【材質】 右胛骨，長6.7、寬5.1、厚0.5釐米，重11.7克
【著録】 〈《前》8.12.5，〈《合集》20449＝《前》8.12.5+5.39.2
【分類】 師組小字
【釋文】 （1）壬寅卜，犬：缶从方允牟。四日丙午菁（遘）方，不隻（獲）。
　　　　（2）……執……蔑……菁（遘）方，不隻（獲）。
【解說】

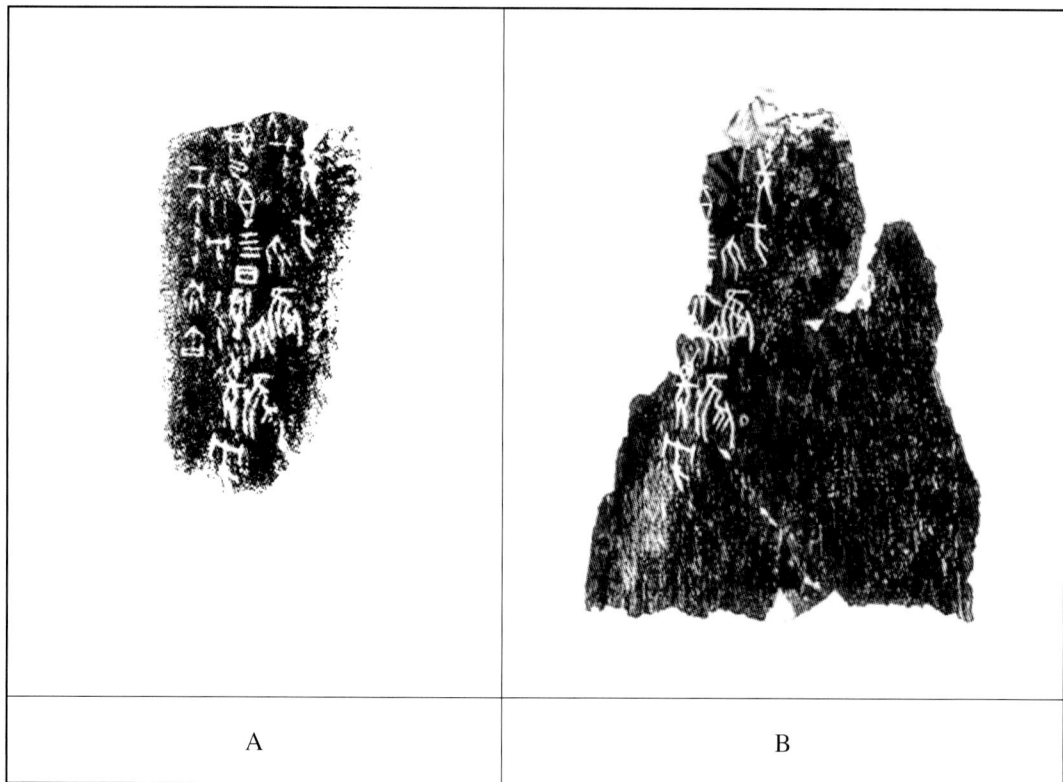

圖一

此版甲骨即《前》8.12.5（圖一A），但由於甲骨斷裂，現存甲骨實物拓片（圖一B）與《前》所録拓片相比，殘去左側"壬寅"等文字。當然，《前》所録拓片骨面未拓全。《合集》20449爲《前》8.12.5與5.39.2的綴合版，但此綴合並不密合，綴合有誤。故我們釋文以《前》所録拓片爲準。第（1）辭的同文例參看《合集》20837。

2（7-528）

【材質】 右胛骨，長4.5、寬2.9、厚0.3釐米，重2.4克
【著録】 《合集》20551
【分類】 師組小字
【釋文】 （1）癸丑卜，王貞：余曰：大戎。不。
　　　　（2）告出（有）大戎其至幺（兹）邑。不。

3（7-627）

【材質】　左背甲，長2.5、寬1.9、厚0.3釐米，重0.9克
【著録】　《合集》39970，《續存》下324
【分類】　師組小字
【釋文】　（1）庚₂午［卜］，王：㞢……■不其……
　　　　　（2）……■……

4（7-203）

【材質】　龜腹甲，長2.2、寬1.7、厚0.5釐米，重1.1克
【著録】　未著録
【分類】　師組小字
【釋文】　壬……貞：……旅（奔）……〚一〛

5（7-593）

【材質】　右胛骨，長7.9、寬2.5、厚0.8釐米，重14.5克
【著録】　《合集》20650，《前》8.10.3，《通》451
【分類】　師組小字
【釋文】　（1）丁丑［卜］，□貞：商……受年……
　　　　　（2）弗受㞢（有）年。
　　　　　（3）戊寅卜，王貞：受中商年。三月。
　　　　　（4）□□卜，王……■不既……于侯侯……㞢（有）又（佑）。
【解説】　此版甲骨林宏明先生將之與《合集》20652（《史購》4）綴合，① 綴合後的卜辭
　　　　　如下：
　　　　　（1）丁……王……戊……
　　　　　（2）丁丑卜，王貞：㲋（孚）白……𬼩二……〚一〛
　　　　　（3）丁丑卜，王貞：商人受年。西罜南从，北罜東不受年。
　　　　　（4）弗受㞢（有）年。
　　　　　（5）戊寅卜，王貞：受中商年。三月。
　　　　　（6）□□卜，王……■不既……于侯侯……㞢（有）又（佑）。

① 　林宏明：《契合集》第80組，萬卷樓出版，2013年，第91—92頁（圖版），第130—131頁（釋文及考釋）。

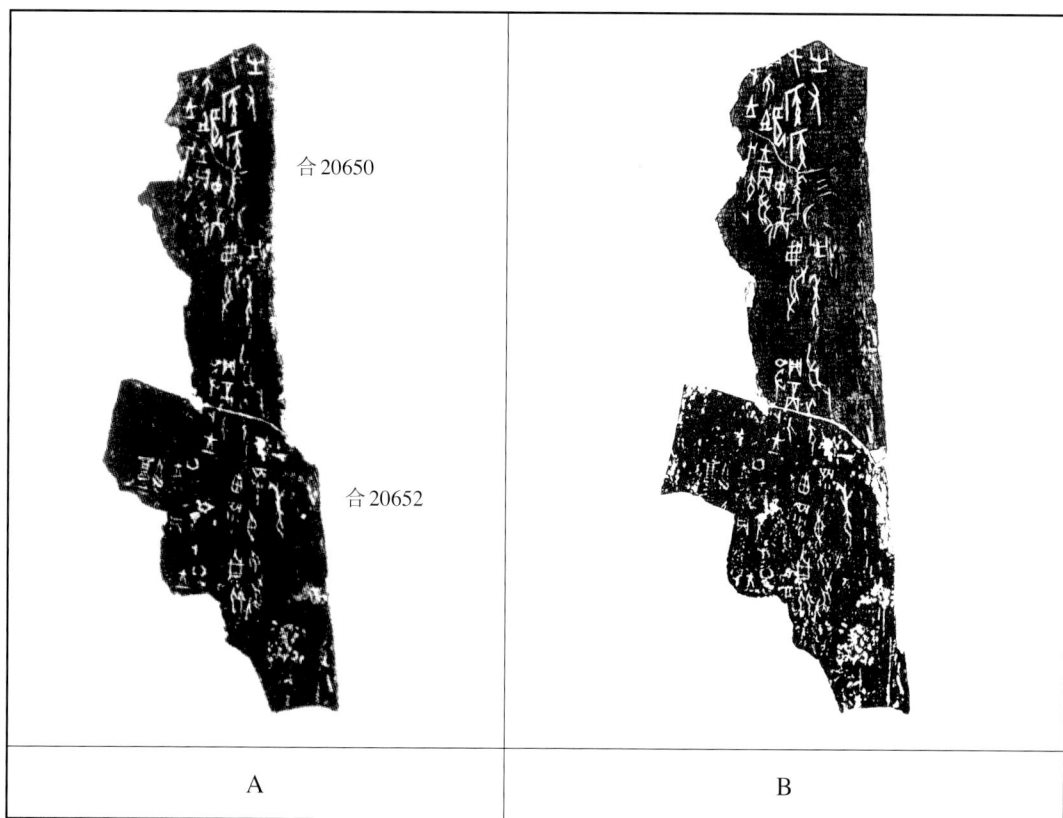

圖二

因《合集》20650所録拓片右側骨邊未拓全，故林先生所做綴合圖（圖二A）中20650、20652右側骨邊不一致。若采用此次我們新拓的拓片做綴合圖（圖二B），兩版甲骨右側骨邊是密合的。由於20650所録拓片不清晰，第5辭中的"三"，被誤釋爲"十"（《合集釋文》），或"七"（《契合》第130頁）。第6辭中的"于"被誤釋爲"乎"（《契合》第130頁）。另《合集釋文》20652號將第2辭中的"二"作爲此辭的兆序，並缺釋真正的兆序"一"，據《史購》4所録拓片、照片可知其非。另"商人受年"的占卜還見於《復旦》47（《合集》20656）"□卯卜，王……商人……今翼……受年。十二月"，可參看。

6（7-516）

【材質】 龜腹甲、右前甲，長2.5、寬2.4、厚0.7釐米，重2.8克
【著録】 未著録
【分類】 師組小字
【釋文】 □□卜？貞：……夕允雨。

7（7-4）

【材質】 右胛骨，長4.0、寬2.4、厚0.4釐米，重3.2克
【著録】 未著録

【分類】 師組小字
【釋文】 癸卯卜貞：……〖二〗

8（7-643）

【材質】 左背甲，長4.0、寬2.2、厚0.4釐米，重2.2克
【著録】 未著録
【分類】 師組小字
【釋文】（1）□□〔卜〕，白……■。一月。
　　　　（2）□□卜……月。
　　　　（3）〖四〗
　　　　（4）〖一〗
　　　　（5）〖二〗

9（7-619）

【材質】 右胛骨，長6.0、寬2.8、厚0.6釐米，重10.2克
【著録】 未著録
【分類】 師組？
【釋文】（1）庚……
　　　　（2）辛……

10（7-156）

【材質】 龜腹甲、左後甲，長1.8、寬1.7、厚0.3釐米，重0.8克
【著録】 未著録
【分類】 乙種子卜辭
【釋文】 甲申〔卜〕貞：……〖一〗

11（7-101）

【材質】 龜腹甲、左後甲，長2.1、寬1.6、厚0.3釐米，重0.9克
【著録】 未著録
【分類】 丙種子卜辭
【釋文】 戊申〔卜〕，□貞：㝵□我又（有）□。〖二〗
【解説】 據《合集》21694上之"己卯卜，我貞：㝵月有事"，以及丙種子卜辭常見的
　　　　占卜"我有事"之辭（如《合集》21677、21680等），可將此辭補全爲："戊申
　　　　卜，□貞：㝵月我又（有）事。""㝵月"可簡稱爲"㝵"，如同"秉月"可簡稱
　　　　爲"秉"（參看《類纂》528頁），《合集》21672上兩者出現在選貞卜辭中，"㝵

（月）"前加"于"字，可説明"昊月"與"乘月"相比，爲更遠的月份，21672爲"丁未"日占卜，是此辭占卜日"戊申"的前一天，兩者應爲同一事占卜。另"昊"爲卜辭中常見"敊"字的異體，其手中所持之物還可以是魚，此會意字"强調的是手持某物倒置於示上，會向祖先進獻祭品之意"。①

12（7-189）

【材質】 右背甲，長2.9、寬2.0、厚0.2釐米，重1.3克
【著録】 未著録
【分類】 丙種子卜辭
【釋文】 （1）……商……
　　　　　（2）戊……帰……〖一〗
　　　　　（3）……又……〖一〗

13（7-605）

【材質】 右胛骨，長12.8、寬5.1、厚0.8釐米，重33.8克
【著録】 《合集》21784，《前》3.14.2，《通》8，《吉大選》1
【分類】 丙種子卜辭、典賓
【釋文】 （1）癸卯卜貞：……
　　　　　（2）□□卜，爭……困（憂）。
　　　　　（3）己巳、庚午、辛未、壬申、癸酉、甲戌、乙亥、丙子、丁丑。
　　　　　（4）癸未、甲申。
【解説】 著録此版甲骨的舊著録如《前》《通》，所録拓片皆不全，只包括干支表部分。姚孝遂先生首次公布此版甲骨完整拓片，並據此版甲骨賓組卜辭與子組（即丙種子卜辭）干支同版，指出子組卜辭"也應當肯定其爲屬於武丁時期，因爲貞人'爭'無可懷疑地是武丁時人"。②

14（7-586）

【材質】 左胛骨，長5.2、寬2.9、厚0.6釐米，重8.1克
【著録】 《合集》21890，《吉大選》4
【分類】 圓體類子卜辭
【釋文】 □卯貞：子妥不死。
【解説】 卜辭中有一批關於子妥疾病的占卜，③其中據干支可繫聯者排譜如下：

---

① 周忠兵：《讀契札記三則》，張光明、徐義華主編：《甲骨學暨高青陳莊西周城址重大發現國際學術研討會論文集》，齊魯書社，2014年，第327頁。
② 姚孝遂：《吉林大學所藏甲骨選釋》，《吉林大學社會科學學報》1963年第4期，第79頁。
③ 裘錫圭：《論"歷組卜辭"的時代》，《古文字研究》第六輯，中華書局，1981年，第299—300頁。

（1）庚［子］□：子妥不死。〖二〗《合補》6912 劣體類子卜辭

（2）［庚］子貞：［子］妥［不］死。［〖三〗］① 《合集》22459＋劣體類子卜辭

（3）辛丑卜：钔（禦）妥己［匕（妣）］。〖一〗《卡博》60 ＝《合集》20039 師歷間B類

（4）辛丑卜：钔（禦）子妥己匕（妣）。〖三〗《卡博》59 ＝《合集》20038 師歷間B類

（5）子妥不牀（死）。〖三〗

（6）其牀（死）。〖三〗《屯南》4514 師歷間A類

根據這些卜辭，可知此辭可補作："［癸］卯貞：子妥不死。"第（5）（6）辭没有干支，我們將之排在第（3）（4）辭之後，是因爲《屯南》4514 上占卜的"乙未卜：王入今三月"、"辛卯卜：王入"等可與《卡博》59 的"乙未卜：王入今月"、"辛卯卜：王弜入"繫聯，② 所以可判斷第（5）（6）辭可排在第（3）（4）辭之後。

15（7-342）

【材質】　右胛骨，長3.2、寬2.3、厚0.4釐米，重2.2克

【著録】　未著録

【分類】　師賓間組

【釋文】　……于河。

16（7-532＋539）

【材質】　龜腹甲、右前甲，長7.2、寬5.7、厚0.3釐米，重10.5克

【著録】　《合集》7024

【分類】　師賓間組

【釋文】　（1）□未卜：弜以眾，不□。

　　　　　（2）癸丑卜：甶其克叀□寽。

　　　　　（3）乙卯卜，乍（作）弜牵甶，貞：甶不亦（夜）來。〖二〗

　　　　　（4）〖七〗

【解説】　蔣玉斌先生將之與《合集》53＋4673＋22482＋19193＋《山博》226＋《善》2.71.15 倒綴合，③ 綴合後的卜辭爲：

　　　　　（1）□未卜：弜以眾，不喪。〖二〗

　　　　　（2）□未卜：弜□眾，其喪。〖二〗〖二告〗

　　　　　（3）壬申［卜］［貞］：雀克哭（剿）寽。〖二〗

---

① 此兆序據同版其他兆序皆爲"三"補出。

② 前引裘錫圭先生已指出"二者顯然爲一時所卜"（第300頁）。我們在《卡博》59 的釋文説明（《卡博》第438頁）中將此版甲骨與《合集》7786 等之"辛卯卜，毂貞：今七月王入"繫聯，進而判斷《卡博》59 亦在七月占卜，誤。

③ 蔣玉斌：《甲骨舊綴之新加綴》第6組，先秦史研究室網站2014-12-25，http://www.xianqin.org/blog/archives/4887.html。

（4）壬申卜貞：雀弗其克𩫖（寢）寿。〖二〗

（5）癸丑卜：�其克叟□寿。

（6）癸丑卜：�弗克叟弱寿。〖二〗

（7）■……〖二〗

（8）乙卯卜，乍（作）弱夆�，貞：�不亦（夜）來。〖二〗

（9）乙卯……�其……來。〖二〗

（10）辛……祼……〖二〗

（11）〖七〗

（12）〖七〗

此版甲骨刻辭值得注意的是第（8）辭的前辭"乙卯卜，作弱夆𩫖，貞"，將占卜的背景"作弱夆𩫖"作了説明，此類特殊的前辭形式還有一些，可參看蔣玉斌先生文。① 另《合集》7024上的兆序"七"，據甲骨照片，可知此處骨面曾被刮削，在刻"七"之前，似先刻了"六"字，骨面還可看見此字未被刮去的刻痕。

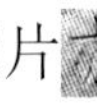

17（7-522）

【材質】右胛骨，長7.4、寬2.9、厚0.4釐米，重19.0克

【著録】《合集》17932，《後》下17.11

【分類】師賓間組

【釋文】□未卜：𩫖𠂤𠂤……

【解説】𠂤𠂤字還見於《英》1813+1078，相關卜辭爲：

（1）［戊］午卜，王：𩫖□亦（夜）𩫖。〖一〗

（2）戊午卜，王：𠂤𠂤不亦（夜）𩫖。〖二〗

（3）辛酉卜：𩫖弗章（敦）弱，出南庚。〖一〗

（4）［辛］酉卜：𩫖其亦（夜）章（敦）弱。〖三〗〖四〗

其中第（3）（4）辭與上一版甲骨中的第（8）辭可繫聯，皆記録𩫖夜晚敦伐弱這一事件。② 第（1）（2）辭中的𩫖爲戰爭動詞，相同用法的𩫖亦見於《合集》1027正之"己未卜，㱿貞：缶其𩫖我旅"。③《英》1813+這四辭記録了𠂤𠂤、𩫖參與的夜間戰争，結合此版甲骨𩫖𠂤𠂤連用，我們懷疑𩫖𠂤𠂤實際爲同一人，其全稱爲𩫖𠂤𠂤，亦可單稱𩫖或𠂤𠂤。如同止（湔）戓亦可單稱止（湔）或戓。

18（7-519）

【材質】龜腹甲、右前甲，長4.9、寬2.6、厚0.6釐米，重5.5克

---

① 蔣玉斌：《説殷墟卜辭的特殊序辭》，《出土文獻與古文字研究》第四輯，上海古籍出版社，2011年，第1—13頁。

② 卜辭中夜戰記録研究參看李宗焜：《論卜辭讀爲"夜"的"亦"——兼論商代的夜間活動》，《中研院歷史語言研究所集刊》第八十二本第四分，2011年，第589—590頁。

③ 劉釗先生將之釋爲"牆"讀爲"戕"，參看劉釗：《卜辭所見殷代的軍事活動》，《古文字研究》第十六輯，中華書局，1989年，第74—75頁。

338

【著録】 《合集》3321

【分類】 師賓間組

【釋文】 庚午卜：崔侯其隻（獲）……〖四〗

【解説】 此版甲骨可與《合集》6751相綴，① 綴合後的卜辭爲：

庚午卜：崔侯其隻（獲）𢀛方。〖四〗

19（7-523）

【材質】 胛骨，長5.8、寬4.2、厚0.4釐米，重6.8克

【著録】 《合集》20626

【分類】 師賓間組

【釋文】 ……酉苞方……一月。

20（7-152）

【材質】 龜腹甲，長1.6、寬1.6、厚0.4釐米，重0.6克

【著録】 未著録

【分類】 師賓間組

【釋文】 （1）……■𢀛……隻（獲）。

（2）〖二〗

21（7-592）

【材質】 龜腹甲、右尾甲，長4.2、寬2.8、厚0.6釐米，重5.2克

【著録】 《合集》6621

【分類】 師賓間組

【釋文】 □□貞：……得……旬㞢（又）一日戊……羌㞢（有）來……𢀛。十二月。

【解説】 據《合集》8265之“庚申［卜］貞：羌不其得，才（在）𢀛。十二月”，《合集》6622之“……日戊寅……羌㞢（有）來……”，可推測此辭可能是在丁卯日占卜。

22（7-597）

【材質】 龜腹甲、左後甲，長3.1、寬1.6、厚0.4釐米，重1.2克

【著録】 《合集》8264，《前》6.56.6

【分類】 師賓間組

【釋文】 （1）……得，才（在）𢀛。十二月。

---

① 李愛輝：《甲骨拼合第256則》，先秦史研究室網站2014-4-11，http://www.xianqin.org/blog/archives/3874.html。

(2)〖一〗

【解説】 第（1）辭上方有界畫。

23（7-134）

【材質】 龜腹甲、右前甲，長2.0、寬1.6、厚0.3釐米，重0.7克
【著録】 未著録
【分類】 師賓間組
【釋文】 ……年。二月。允……

24（7-277）

【材質】 龜腹甲、左前甲，長2.8、寬2.1、厚0.4釐米，重1.3克
【著録】 未著録
【分類】 師賓間組
【釋文】 庚寅卜：弜（勿）乎（呼）。

25（7-345）

【材質】 右背甲，長3.3、寬1.8、厚0.5釐米，重1.7克
【著録】 未著録
【分類】 師賓間組
【釋文】 (1)……■……
　　　　 (2)丁亥……乎（呼）……未（未）……〖一〗

26（7-197）

【材質】 龜腹甲、右尾甲，長3.0、寬2.3、厚0.4釐米，重1.6克
【著録】 未著録
【分類】 師賓間組
【釋文】 □未卜……出（有）界……戊……

27（7-39）

【材質】 龜腹甲、左後甲，長2.0、寬1.7、厚0.3釐米，重1.0克
【著録】 未著録
【分類】 師賓間組
【釋文】 ■申卜：■隹（唯）……■……

28（7-632）

【材質】 右胛骨，長3.8、寬2.9、厚0.4釐米，重2.6克
【著録】 未著録
【分類】 師賓間組
【釋文】 其雨。〖二〗

29（7-238）

【材質】 龜腹甲、左尾甲，長2.2、寬1.7、厚0.5釐米，重1.2克
【著録】 未著録
【分類】 師賓間組
【釋文】 □寅卜：今……不其……夕……〖三〗

30（7-608）

【材質】 右胛骨，長5.2、寬3.9、厚0.6釐米，重9.7克
【著録】 《合集》18883
【分類】 師賓間組
【釋文】 （1）丁丑卜貞……〖一〗
　　　　（2）己卯卜貞……〖一〗〖二〗
　　　　（3）癸未卜貞：夕……〖一〗〖二〗〖三〗

31（7-267）

【材質】 右胛骨，長7.5、寬2.8、厚0.6釐米，重8.6克
【著録】 未著録
【分類】 師賓間組
【釋文】 丁丑……

32（7-635）

【材質】 左胛骨，長2.3、寬1.6、厚0.6釐米，重1.6克
【著録】 未著録
【分類】 師賓間組
【釋文】 庚辰。

33（7-48）

【材質】右胛骨，長4.8、寬1.7、厚0.4釐米，重4.3克
【著録】未著録
【分類】師賓間組
【釋文】〖五〗

34（7-582）

【材質】左胛骨，長17.8、寬3.5、厚0.7釐米，重45.4克
【著録】《合集》14879，《吉大選》7
【分類】賓一﹖
【釋文】（1）〖一〗
　　　　（2）庚子卜：尊。七月。〖一〗
　　　　（3）庚子卜：奉（禱）自囧（甲）。七月。〖一〗
　　　　（4）庚子卜貞：屮于成。七月。〖一〗
　　　　（5）……自九示。
　　　　（6）……屮……于大甲。
【解説】此版甲骨卜辭與《合集》1243+4916（三卜）、15812（二卜）、4918、《懷》1578等上的刻辭爲成套卜辭。

35（7-77）

【材質】龜腹甲、右尾甲，長2.4、寬2.0、厚0.5釐米，重1.4克
【著録】未著録
【分類】賓一
【釋文】□□［卜］，㱿貞：……㞢（羴）衕才（在）𤔅（誖）。
【解説】同文例參看《合集》6897上的卜辭。

36（7-258）

【材質】龜腹甲、左後甲，長3.3、寬2.3、厚0.4釐米，重2.6克
【著録】未著録
【分類】賓一
【釋文】（1）□戌卜：戎。
　　　　（2）不……

37（7-283）

【材質】　龜腹甲、右前甲，長2.8、寬1.9、厚0.3釐米，重1.3克
【著録】　未著録
【分類】　賓一
【釋文】　□申卜，殻貞：王……步自……■……

38（7-310）

【材質】　胛骨，長4.5、寬2.2、厚0.4釐米，重1.9克
【著録】　〈《合集》5992＝《前》6.12.1
【分類】　賓一
【釋文】　（1）戊午……
　　　　　（2）□□［卜］，方（賓）貞：乎（呼）……
　　　　　（3）□□［卜］，方（賓）貞：翼（翌）乙丑……
　　　　　（4）……敘不……
【解説】

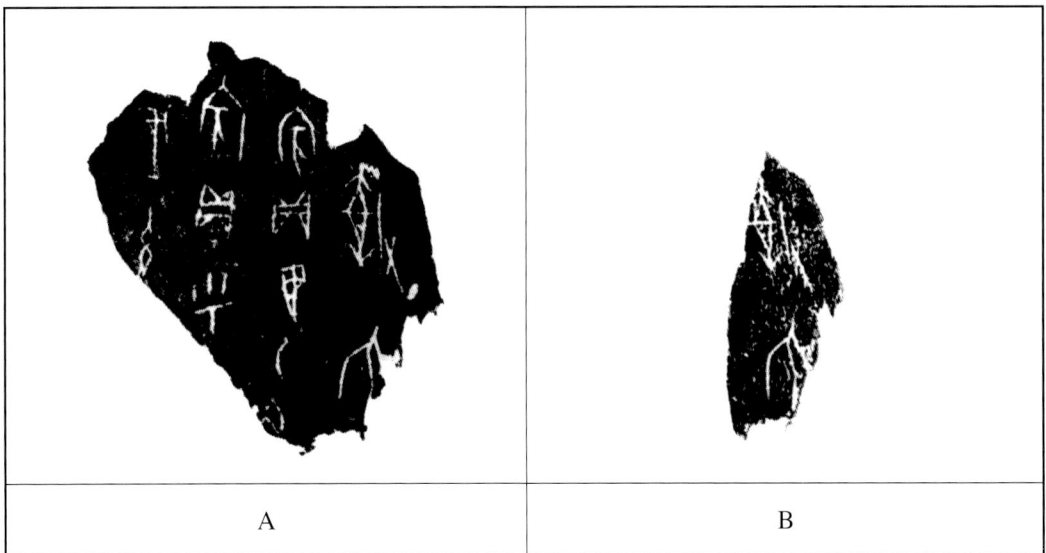

圖三

此版甲骨即《前》6.12.1＝《合集》5992（圖三A），但由於甲骨斷裂，現存甲骨實物拓片（圖三B）與《前》所録拓片相比，殘去左側諸多文字。故我們釋文以《前》所録拓片爲準。

39（7-591）

【材質】　右胛骨，長6.1、寬2.3、厚0.5釐米，重8.4克
【著録】　《合集》13217
【分類】　賓一

【釋文】 （1）辛□［卜］，設：……

　　　　（2）甲辰卜，設：翼（翌）乙巳易日。

　　　　（3）乙巳卜，設：翼（翌）丙易日。

　　　　（4）［丙］［午］卜，設：［翼（翌）］丁未［易］［日］。

40（7-562＋重7-6）

【材質】 左胛骨，長7.9、寬2.8、厚0.3釐米，重7.8克

【著錄】 ＞《合集》13111

【分類】 賓一

【釋文】 （1）［貞］：翼（翌）辛亥㪌（啟）。辛允㪌（啟）。

　　　　（2）壬子卜，丙：翼（翌）癸丑㪌（啟）。癸［允］［㪌（啟）］。

　　　　（3）……■……

【解說】 此版甲骨爲蔣玉斌先生所綴。[1] 甲骨下端還有一處界畫。

41（7-560）

【材質】 右胛骨，長5.6、寬2.1、厚0.5釐米，重5.5克

【著錄】 《合集》13141

【分類】 賓一

【釋文】 （1）壬□［卜］，［丙］：翼（翌）□□㪌（啟）……霍（陰）。

　　　　（2）乙巳卜，丙：翼（翌）丙午㪌（啟）。允㪌（啟）。〖二〗

42（7-225）

【材質】 龜腹甲、中甲，長4.0、寬3.0、厚0.4釐米，重2.2克

【著錄】 未著錄

【分類】 賓一

【釋文】 （1）〖一〗

　　　　（2）癸亥……今夕……雨，之……

43（7-167）

【材質】 龜腹甲、右後甲，長2.8、寬1.8、厚0.6釐米，重1.5克

【著錄】 未著錄

【分類】 賓一

【釋文】 ……啇……亡囚（憂）。

---

[1] 蔣玉斌：《蔣玉斌甲骨綴合總表》第135組，先秦史研究室網站2011-3-20，http://www.xianqin.org/blog/archives/2305.html。

【解説】 此辭左側有界畫。

44（7-209）

【材質】 右胛骨，長2.9、寬1.8、厚0.3釐米，重1.1克
【著録】 未著録
【分類】 賓一
【釋文】 ……亡囨（憂）。

45（7-572）

【材質】 左胛骨，長11.7、寬5.6、厚0.5釐米，重27.9克
【著録】 《合集》14522
【分類】 典賓
【釋文】 （1）癸丑卜，㱿（賓）貞：㞢匸（報）于河。
　　　　（2）□卯卜，㱿（賓）貞：翼（翌）乙巳易日。

46（7-32）

【材質】 右胛骨，長2.5、寬2.0、厚0.3釐米，重0.7克
【著録】 未著録
【分類】 典賓
【釋文】 甲午［卜］，□貞：□㞢……■……
【解説】 此辭可能與《合集》4055正、14526正之“甲午卜，㱿貞：呼㞢先禦尞于河”爲同文卜辭。

47（7-652）

【材質】 龜腹甲，長1.3、寬0.8、厚0.4釐米，重0.3克
【著録】 未著録
【分類】 典賓
【釋文】 ……㞢……河……

48（7-518）

【材質】 右胛骨，長9.4、寬6.1、厚0.8釐米，重21.8克
【著録】 《合集》14746
【分類】 典賓
【釋文】 （1）□□［卜］，㱿（賓）貞：黃尹蚩（害）王。

345

（2）□□〔卜〕，宁（賓）貞：尞于王亥。

（3）……㞢……才（在）……

【解説】　第（2）（3）辭之間有界畫。

49（7-230）

【材質】　龜腹甲、左後甲，長2.0、寬1.8、厚0.5釐米，重1.7克

【著録】　未著録

【分類】　典賓

【釋文】　正：丁亥〔卜〕，□貞：■……不……

　　　　　反：貞：……魯……

50（7-192）

【材質】　龜腹甲、左後甲，長2.9、寬1.7、厚0.6釐米，重1.1克

【著録】　未著録

【分類】　典賓

【釋文】　……■隹（唯）……于父乙……

51（7-566）

【材質】　龜腹甲、右前甲，長8.5、寬3.5、厚0.5釐米，重10.6克

【著録】　《合集》1778

【分類】　典賓

【釋文】　正：（1）乙未卜，𣪊……王固（占）……

　　　　　　　（2）丁酉卜，𣪊貞：王弜（勿）鼎曰父……

　　　　　反：祖辛。

【解説】　第（2）辭下端有界畫。

52（7-329）

【材質】　龜腹甲、左前甲，長3.7、寬2.2、厚0.5釐米，重2.5克

【著録】　未著録

【分類】　典賓

【釋文】　……好。

53（7-579）

【材質】　左胛骨，長18.0、寬3.6、厚0.5釐米，重32.0克

【著録】 《合集》2636,《吉大選》2

【分類】 典賓

【釋文】 正:(1)〖二〗

    (2)〖一〗〖二告〗

    (3)貞:隹(唯)祖乙取帚(婦)。

    (4)貞:帚(婦)好出(有)取,不上。

    (5)貞:隹(唯)大甲取帚(婦)。

    (6)貞:帚(婦)好出(有)取,上。

    (7)貞:隹(唯)唐取帚(婦)好。

    (8)隹(唯)祖乙。

    (9)貞:隹(唯)大甲。

    (10)貞:隹(唯)唐取[帚(婦)]好。

  反:(1)己卯卜,宁(賓)。

    (2)王固(占)曰:上,隹(唯)甲。

【解説】 此版甲骨卜辭存在正反連讀,反面第(1)辭與正面第(7)辭連讀,正面第(8)辭與反面第(2)辭連讀。《卡博》74與此版甲骨爲成套卜骨,可參看。另"取婦好"乃"取婦好之靈魂"之義,所謂的冥婚之説不可信。①

54（7-212）

【材質】 龜腹甲、左首甲,長2.3、寬2.1、厚0.5釐米,重1.3克

【著録】 未著録

【分類】 典賓

【釋文】 □□[卜],㱿……好……

55（7-651）

【材質】 龜腹甲、左尾甲,長1.7、寬0.9、厚0.5釐米,重0.5克

【著録】 未著録

【分類】 典賓

【釋文】 ……亙……■……

56（7-174）

【材質】 龜腹甲、右前甲,長2.7、寬1.9、厚0.5釐米,重1.2克

【著録】 未著録

---

① 參看李宗焜:《婦好在武丁王朝的角色》,《古文字與古代史》第三輯,中研院歷史語言研究所,2012年,第97—100頁;陳劍:《"備子之責"與"唐取婦好"》,《第四屆國際漢學會議論文集——出土材料與新視野》,中研院,2013年,第177—186頁。

【分類】 典賓
【釋文】 □未卜，□貞：于□庚钔（禦）□辛……

57（7-337）

【材質】 龜腹甲、右尾甲，長2.8、寬2.0、厚0.4釐米，重1.5克
【著録】 未著録
【分類】 典賓
【釋文】 （1）……新。
　　　　（2）〖二〗

58（7-531）

【材質】 右胛骨，長8.5、寬3.3、厚0.4釐米，重11.1克
【著録】 《合集》3867
【分類】 典賓
【釋文】 正：（1）〖小告〗
　　　　　　（2）〖一〗
　　　　反：（1）乙卯卜，𡇡。
　　　　　　（2）……高。
【解説】 《合集》3867爲反面拓片，未録正面拓片。反面第（1）辭與正面第（1）辭應連讀，惜其命辭殘去。

59（7-527）

【材質】 龜腹甲、右首甲，長2.3、寬2.1、厚0.6釐米，重1.6克
【著録】 未著録
【分類】 典賓
【釋文】 正：貞：……漁……钔（禦）于……
　　　　反：于……

60（7-266）

【材質】 龜腹甲、右前甲，長4.2、寬2.4、厚0.4釐米，重2.5克
【著録】 未著録
【分類】 典賓
【釋文】 正：□□〔卜〕，永貞：㞢……
　　　　反：壬申帚（婦）瓚……
【解説】 反面爲甲橋刻辭，婦瓚作爲示者還見於《合集》17534等。

61（7-294）

【材質】 龜腹甲、右前甲，長3.7、寬2.9、厚0.4釐米，重3.7克
【著録】 未著録
【分類】 典賓
【釋文】 （1）……多……
　　　　（2）〖三〗
　　　　（3）……王……
　　　　（4）〖二〗
　　　　（5）貞：……屮……〖三〗
【解説】 第（1）辭下方有界畫。

62（7-220）

【材質】 龜腹甲、左前甲，長2.8、寬2.3、厚0.5釐米，重2.0克
【著録】 未著録
【分類】 典賓
【釋文】 （1）…… 辠 ……
　　　　（2）……屮……〖三〗

63（7-211）

【材質】 龜腹甲，長2.0、寬1.9、厚0.3釐米，重0.8克
【著録】 未著録
【分類】 典賓
【釋文】 正：……五日……隹（唯）屮……
　　　　反：……隹（唯）……屮……

64（7-12）

【材質】 龜腹甲、左前甲，長1.6、寬1.5、厚0.2釐米，重0.6克
【著録】 未著録
【分類】 典賓
【釋文】 ……不……屮……
【解説】 此辭下方有界畫。

65（7-229）

【材質】 龜腹甲、右前甲，長3.6、寬3.0、厚0.6釐米，重2.2克

【著録】 未著録

【分類】 典賓

【釋文】（1）……宜■……

（2）〖三〗

66（7-24）

【材質】 右胛骨，長3.9、寬2.2、厚0.5釐米，重3.6克

【著録】 未著録

【分類】 典賓

【釋文】 正:〖二告〗

反：宜……（才）在……

【解説】 反面卜辭上方還有界畫。

67（7-237）

【材質】 龜腹甲、右前甲，長3.5、寬2.3、厚0.4釐米，重1.9克

【著録】 未著録

【分類】 典賓

【釋文】 正：……羌百……

反：甲﹖戌……

68（7-228）

【材質】 左背甲，長2.6、寬2.0、厚0.3釐米，重1.1克

【著録】 未著録

【分類】 典賓

【釋文】（1）■辛亥囗雨。

（2）……卯……牛……

【解説】 兩辭間有界畫。

69（7-231）

【材質】 龜腹甲、中甲，長2.8、寬1.8、厚0.5釐米，重1.0克

【著録】 未著録

【分類】 典賓

【釋文】（1）……豕﹖……

（2）……豕﹖……一……

70（7–88）

【材質】 龜腹甲，長2.2、寬2.0、厚0.6釐米，重1.8克
【著錄】 未著錄
【分類】 典賓
【釋文】 （1）⋯⋯牛⋯⋯十⋯⋯
　　　　 （2）〖一〗

71（7–540）

【材質】 胛骨，長5.1、寬2.4、厚0.3釐米，重3.0克
【著錄】 《合集》11151
【分類】 典賓
【釋文】 ⋯⋯酉牡⋯⋯
【解說】 字口塗朱，同文例參看《合集》3139等，據之可將此辭補作"□□子就徝酉牡⋯⋯"。

72（7–263）

【材質】 龜腹甲、右前甲，長2.4、寬1.9、厚0.4釐米，重1.1克
【著錄】 未著錄
【分類】 典賓
【釋文】 正：□亥卜⋯⋯王⋯⋯九⋯⋯〖二〗
　　　　 反：⋯⋯王不⋯⋯

73（7–521）

【材質】 龜腹甲、左前甲，長4.9、寬3.9、厚0.7釐米，重6.6克
【著錄】 《合集》3389，《後》下17.5
【分類】 典賓
【釋文】 正：（1）貞：舉弗其以易𠦏。〖一〗
　　　　　　 （2）⋯⋯日⋯⋯〖一〗
　　　　 反：⋯⋯■⋯⋯風。

74（7–53）

【材質】 龜腹甲、右後甲，長4.7、寬2.9、厚0.5釐米，重5.0克
【著錄】 《合集》6934
【分類】 典賓

【釋文】 （1）……■……

（2）己卯卜，□貞：叀■……罙（探）伐𢀖……

75（7-588）

【材質】 右胛骨，長7.3、寬2.6、厚0.5釐米，重14.2克

【著録】 《合集》13799

【分類】 典賓

【釋文】 （1）貞：……𢀖（𣦼）……

（2）貞：亡其疾。

（3）貞：光不其𢀖（𣦼）。〖二〗

（4）……■……

【解說】 第（3）辭字口塗朱，此版甲骨蔡哲茂先生將之與《合集》7693等綴合，① 綴合後的正面卜辭爲：

（1）貞：或弗其𢀖（𣦼）。三月。〖二〗〖不羍黽〗

（2）貞：或弗其𢀖（𣦼）𢀖方。

（3）貞：于𤔲（涺）史（使）。〖二〗

（4）弜（勿）乎（呼）比引𢀖（涺）帛。〖二告〗〖不羍黽〗

（5）史（使）人于眉。

（6）□□〔卜〕，㱿貞：帚（婦）好史（使）人于眉。

（7）貞：或𢀖（𣦼）。

（8）□戌卜，㱿貞：或𢀖（𣦼）𢀖方。

（9）貞：乎（呼）比引𢀖（涺）帛。

（10）□□卜，㱿貞：乎（呼）比引𢀖（涺）帛。

（11）貞：光𢀖（𣦼）。

（12）□□〔卜〕，□貞：光其𢀖（𣦼）……固（占）不隹（唯）既……

（13）貞：亡其疾。

（14）□□〔卜〕，□貞：王曰亡其疾。

（15）貞：光不其𢀖（𣦼）。〖二〗

（16）……光?……

綴合後此版爲典型的邊面對照卜辭。

76（7-244）

【材質】 胛骨，長2.9、寬2.0、厚0.2釐米，重1.4克

【著録】 未著録

【分類】 典賓

① 蔡哲茂：《甲骨綴合續集》第437組，文津出版有限公司，2004年，第69—70頁（圖版），第183頁（釋文及考釋）。

【釋文】　……屮（有）戠（翦）……

77（7-542）

【材質】　龜腹甲、右後甲，長5.4、寬5.1、厚0.3釐米，重13.6克
【著録】　《合集》6770
【分類】　典賓
【釋文】　正：貞：于好方界我（宜）。五月。〖三〗〖四〗
　　　　　反：邑示卅（三十）。

78（7-564）

【材質】　左胛骨，長4.4、寬2.2、厚0.5釐米，重3.7克
【著録】　《合集》7513
【分類】　典賓
【釋文】　貞：王比止（沚）……■……

79（7-259）

【材質】　龜腹甲、左前甲，長2.3、寬2.0、厚0.5釐米，重1.0克
【著録】　未著録
【分類】　典賓
【釋文】　……止（沚）……亦……〖二〗

80（7-33）

【材質】　胛骨，長2.2、寬1.7、厚0.3釐米，重0.8克
【著録】　未著録
【分類】　典賓
【釋文】　……戔🜕……
【解説】　同文例可參看《合集》6335、6336。

81（7-131）

【材質】　龜腹甲、右後甲，長1.5、寬1.1、厚0.5釐米，重0.4克
【著録】　未著録
【分類】　典賓
【釋文】　（1）……及……羌……
　　　　　（2）〖一〗

82（7-45）

【材質】 胛骨，長1.7、寬1.5、厚0.5釐米，重0.7克
【著録】 未著録
【分類】 典賓
【釋文】 ……敦（敦）……

83（7-132）

【材質】 龜腹甲、左前甲，長2.9、寬1.6、厚0.4釐米，重1.4克
【著録】 未著録
【分類】 典賓
【釋文】 （1）……牟……
　　　　　（2）〚六〛
　　　　　（3）貞：……

84（7-182）

【材質】 胛骨，長3.7、寬2.9、厚0.8釐米，重4.3克
【著録】 未著録
【分類】 典賓
【釋文】 ……多臣……

85（7-136）

【材質】 龜腹甲、左後甲，長2.1、寬1.9、厚0.4釐米，重1.3克
【著録】 未著録
【分類】 典賓
【釋文】 （1）……弗……正……十二月。
　　　　　（2）貞：……〚二〛

86（7-138）

【材質】 左背甲，長3.1、寬2.0、厚0.6釐米，重1.7克
【著録】 未著録
【分類】 典賓
【釋文】 ……弓（勿）奴……

87（7-57）

【材質】 龜腹甲、左前甲，長3.0、寬3.0、厚0.3釐米，重2.0克
【著録】 未著録
【分類】 典賓
【釋文】 □申卜，爭……𤓰（早）……■……〖三〗

88（7-30）

【材質】 龜腹甲，長1.9、寬1.8、厚0.3釐米，重1.2克
【著録】 未著録
【分類】 典賓
【釋文】 正：……■……
　　　　反：貞：■……弓（勿）……弓……
【解説】 正面卜辭塗朱。

89（7-346）

【材質】 右胛骨，長19.3、寬9.9、厚0.8釐米，重53.5克
【著録】 《合集》5761
【分類】 典賓
【釋文】 （1）甲午卜，亘貞：王生（往）出。
　　　　（2）癸丑卜，爭貞：𢀛以射。
【解説】 此版甲骨可與《合集》5762綴合，① 綴合後的卜辭爲：
　　　　（1）王生（往）出。
　　　　（2）甲午卜，亘貞：王生（往）出。
　　　　（3）貞：王弓（勿）生（往）出。
　　　　（4）貞：𢀛以射。
　　　　（5）癸丑卜，爭貞：𢀛以射。

90（7-568）

【材質】 左胛骨，長11.2、寬2.9、厚0.6釐米，重22.4克
【著録】 《合集》5977
【分類】 典賓
【釋文】 （1）貞：□圍。

355

① 林宏明：《甲骨新綴第571—579例》第571例，先秦史研究室網站2015-6-10，http://www.xianqin.org/blog/archives/5269.html。

（2）貞：弜（勿）乎（呼）帚（婦）妌先。

（3）丁丑卜，賓貞：圍。

（4）貞：不其受年。

（5）乎（呼）田□❦。

【解説】　此版甲骨可與《合集》9974相綴，① 綴合後的卜辭爲：

（1）貞：□圍。

（2）貞：弜（勿）乎（呼）帚（婦）妌先。

（3）丁丑卜，賓貞：圍。

（4）貞：不其受年。

（5）乎（呼）田于❦。

（6）貞：帚（婦）妌黍受年。

（7）乎（呼）田于❦。

（8）……■。

91（7-325）

【材質】　右背甲，長2.9、寬2.9、厚0.6釐米，重2.9克
【著録】　未著録
【分類】　典賓
【釋文】　正：（1）……黍……〖二告〗
　　　　　　　（2）貞：……〖一〗
　　　　　　反：庚申……
【解説】　正面兩卜辭間有界畫。

92（7-85）

【材質】　龜腹甲、左前甲，長2.7、寬2.0、厚0.4釐米，重1.2克
【著録】　未著録
【分類】　典賓
【釋文】　（1）……黍……
　　　　　　（2）〖六〗

93（7-204）

【材質】　龜腹甲、右後甲，長3.0、寬2.4、厚0.6釐米，重1.6克
【著録】　未著録
【分類】　典賓

---

① 劉影：《賓組新綴兩則》第一則，先秦史研究室網站 2009-9-17，http://www.xianqin.org/blog/archives/1642.html。

【釋文】 ……我……年……

94（7-76）

【材質】 龜腹甲，長2.3、寬2.0、厚0.5釐米，重1.5克
【著録】 未著録
【分類】 典賓
【釋文】 正：……帝……隹（唯）……
　　　　 反：……年……

95（7-26）

【材質】 左背甲，長3.5、寬1.8、厚0.4釐米，重2.9克
【著録】 未著録
【分類】 典賓
【釋文】 反：儔……
【解說】 字口塗朱，相關文例可參看《合集》5713反、9042之"儔以"。

96（7-601）

【材質】 龜腹甲、右首甲，長3.9、寬3.2、厚0.7釐米，重3.8克
【著録】《前》6.11.4，《吉大選》5
【分類】 典賓
【釋文】 正：貞：……卯王其……敝彔（麓）㞨（擒）……八月。
　　　　 反：……虎，允㞨（擒）卅（三十）……
【解說】 正面卜辭可參看《合集》10970上的卜辭，不過10970所録圖版綴合有誤，其左半可與《輯佚》3、《明後》341綴合，[①] 右半可與《合集》10620正相綴，[②] 據新綴的這兩版甲骨上的卜辭，此版甲骨正面卜辭可補足作："[乙丑卜] 貞：[翌丁] 卯王其 [戰（狩）] 敝彔（麓），㞨（擒）。八月。"與其同文者，還有《京人》275，這四版甲骨乃成套甲骨。

97（7-510）

【材質】 右胛骨，長14.8、寬9.6、厚0.7釐米，重49.3克

---

① 《合集》10970左半＋《輯佚》3爲孫亞冰綴合、蔣玉斌加綴《明後》341，參看孫亞冰：《〈殷墟甲骨輯佚〉綴合第三則——糾正〈合集〉誤綴一版》，先秦史研究室網站2008-11-26，http://www.xianqin.org/blog/archives/36.html；蔣玉斌：《〈甲骨文合集〉綴合拾遺（第七十五～七十八組）》第七十五組，先秦史研究室網站2010-10-26，http://www.xianqin.org/blog/archives/2107.html。蔣玉斌文章之後的評論中林宏明指出同文者還有《京人》275。
② 林宏明：《甲骨新綴第廿五～廿六例（附校重一則）》第廿六例，先秦史研究室網站2009-10-12，http://www.xianqin.org/blog/archives/1695.html。

【著録】《合集》10386，《吉大選》6

【分類】典賓

【釋文】正：(1)〖一〗〖不羊黿〗〖二告〗

(2)〖二告〗

(3)……多子逐麋，隻（獲）。

反：……尹隹（唯）亡……

98（7-524）

【材質】胛骨，長5.5、寬4.1、厚0.3釐米，重6.3克

【著録】《合集》10941

【分類】典賓

【釋文】(1)……歗（狩）从龜？……

(2)……王弓（勿）歗（狩）……

99（7-44）

【材質】龜腹甲、右尾甲，長1.9、寬1.4、厚0.4釐米，重0.7克

【著録】未著録

【分類】典賓

【釋文】貞：逐兕，毕（擒）……

100（7-10）

【材質】龜腹甲、左前甲，長2.0、寬1.7、厚0.4釐米，重1.0克

【著録】未著録

【分類】典賓

【釋文】□■卜……毕（擒）……

101（7-630）

【材質】龜腹甲、左尾甲，長2.0、寬1.8、厚0.3釐米，重0.7克

【著録】未著録

【分類】典賓

【釋文】正：……■隻（獲）……■……

反：……隻（獲）……二……

102（7-600）

【材質】 龜腹甲、右前甲，長6.8、寬5.9、厚0.4釐米，重13.1克
【著録】 《合集》5666
【分類】 典賓
【釋文】 正：（1）□戌［卜］，永貞：令旨以多犬衛（衛）从多■疊羊■从𦏵。〖四〗
〖五〗〖六〗
（2）……乎（呼）……

反：乙亥■……
【解說】 反面鑽鑿左一、左三對應的正面卜兆分別被第（1）辭中的"多""以"及
"貞"字打破，故未刻兆序。此版甲骨可與《安明》589綴合，①綴合後第
（1）辭可補足爲："庚戌卜，永貞：令旨以多犬衛（衛）从多■疊羊■从𦏵。"

103（7-565）

【材質】 左胛骨，長8.8、寬2.2、厚0.7釐米，重13.0克
【著録】 《合集》5204
【分類】 典賓
【釋文】 （1）翼（翌）癸亥王步。
（2）于翼（翌）甲子步。
（3）王窀（賓）咎。
（4）令或。

104（7-245）

【材質】 龜腹甲、右前甲，長3.2、寬1.7、厚0.5釐米，重1.9克
【著録】 未著録
【分類】 典賓
【釋文】 翼（翌）辛亥王步。

105（7-130）

【材質】 龜腹甲、左後甲，長5.2、寬2.7、厚0.5釐米，重3.3克
【著録】 未著録
【分類】 典賓
【釋文】 （1）……子……弓（勿）……步。
（2）貞：今丁亥王弓（勿）……

---

① 何會：《龜腹甲新綴第二七則》，先秦史研究室網站2010-9-11，http://www.xianqin.org/blog/archives/2058.html。

106（7-536）

【材質】 龜腹甲、右前甲，長3.7、寬2.5、厚0.5釐米，重3.1克
【著錄】 《合集》8139
【分類】 典賓
【釋文】 貞：王不役才（在）行。

107（7-584）

【材質】 左胛骨，長6.6、寬2.3、厚0.5釐米，重10.9克
【著錄】 《合集》4896
【分類】 典賓
【釋文】 正：（1）乎（呼）令行。
　　　　　　（2）〖一〗〖□□竈〗
　　　　　　（3）〖二〗
　　　　　　（4）〖三〗
　　　　 反：令行。

108（7-108）

【材質】 龜腹甲、左後甲，長2.3、寬1.8、厚0.4釐米，重1.1克
【著錄】 未著錄
【分類】 典賓
【釋文】 正：貞：翼（翌）辛亥其■……
　　　　 反：小帚。

109（7-533）

【材質】 左胛骨，長9.9、寬2.2、厚0.4釐米，重17.0克
【著錄】 《合集》17065
【分類】 典賓
【釋文】 正：（1）〖二□〗
　　　　　　（2）〖二〗
　　　　　　（3）〖二〗〖二告〗
　　　　　　（4）〖二〗〖二告〗
　　　　　　（5）〖二告〗
　　　　 反：（1）弓（勿）……北……
　　　　　　（2）王從𠃊。
　　　　　　（3）𡥚子不晶（殟）。

（4）……其……

【解説】　正面卜兆有刻兆現象。

110（7-83）

【材質】　龜腹甲、右前甲，長4.5、寬2.2、厚0.4釐米，重3.3克
【著録】　未著録
【分類】　典賓
【釋文】　正：……自……
　　　　　反：庚申㲋气（乞）■……

111（7-68）

【材質】　龜腹甲、左首甲，長1.5、寬1.3、厚0.7釐米，重0.7克
【著録】　未著録
【分類】　典賓
【釋文】　乙……至■……■……

112（7-631）

【材質】　右背甲，長2.0、寬1.2、厚0.4釐米，重1.0克
【著録】　未著録
【分類】　典賓
【釋文】　……貞：乎（呼）……

113（7-284）

【材質】　龜腹甲、左後甲，長1.8、寬1.8、厚0.3釐米，重0.8克
【著録】　未著録
【分類】　典賓
【釋文】　貞：……乎（呼）……〖一〗

114（7-621）

【材質】　龜腹甲、右後甲，長1.5、寬0.8、厚0.3釐米，重0.3克
【著録】　未著録
【分類】　典賓
【釋文】　正：……來……
　　　　　反：……𠭯（同）三……

115（7-574）

【材質】 龜腹甲，長2.1、寬2.0、厚0.6釐米，重0.9克
【著錄】 未著錄
【分類】 典賓
【釋文】 ……力。
【解說】 卜辭可參看《英》751："貞：弜（勿）于力。"

116（7-218）

【材質】 龜腹甲、右後甲，長3.4、寬3.0、厚0.5釐米，重3.4克
【著錄】 未著錄
【分類】 典賓
【釋文】 反：……曰……雨…… 征（延）……今₂夕……

117（7-64）

【材質】 龜腹甲、右後甲，長2.2、寬1.6、厚0.3釐米，重0.7克
【著錄】 未著錄
【分類】 賓組
【釋文】 （1）□寅卜……雨……今夕……
　　　　（2）……■……
【解說】 "今"（∧）字缺刻橫畫。

118（7-315）

【材質】 右背甲，長2.3、寬2.0、厚0.5釐米，重1.3克
【著錄】 未著錄
【分類】 典賓
【釋文】 ……雨。
【解說】 此版甲骨左上端還有一處界畫。

119（7-236）

【材質】 龜腹甲、左前甲，長2.5、寬2.3、厚0.3釐米，重2.0克
【著錄】 《合集》16993
【分類】 典賓
【釋文】 正：貞：王其屮（有）蚩（害）。
　　　　反：……申■……■。

120（7-97）

【材質】　右背甲，長3.4、寬1.6、厚0.4釐米，重1.9克
【著録】　未著録
【分類】　典賓
【釋文】　庚戌卜貞：翼（翌）辛亥兹。

121（7-286）

【材質】　龜腹甲、右尾甲，長5.0、寬4.1、厚0.5釐米，重6.4克
【著録】　《合集》5411
【分類】　典賓
【釋文】　正：……余其一屮……王允……■屮三……兹，■……
　　　　　反：……余……蚩（害）……
【解説】　此版甲骨可與《合補》6191正、反相綴，① 綴合後的卜辭爲：
　　　　　正：……余其一屮……王允……■屮三……兹，饐……今亦二……
　　　　　反：（1）……余……蚩（害）……
　　　　　　　（2）……呂（兮）……
　　　　　綴合後得到一個新的字形，即“饐”，此字殘字還見於《合補》5008，在此辭中乃是災憂的具體表現。② 此版甲骨字口塗朱，但其中的朱砂有脱落，“余”“王”“其”幾字的部分筆畫還可見朱色。“三”字刻於刮削後的骨面。另正面卜辭中的“一”亦可能是刮削未盡者。

363

122（7-278）

【材質】　龜腹甲、右前甲，長3.0、寬2.5、厚0.4釐米，重1.3克
【著録】　未著録
【分類】　典賓
【釋文】　正：（1）乙□［卜］，殼……夕［亡］囚（憂）。
　　　　　　　（2）……■……
　　　　　反：貞：……屮……

123（7-153）

【材質】　龜腹甲、左首甲，長2.3、寬1.7、厚0.5釐米，重0.9克

① 蔣玉斌：《〈甲骨文合集〉綴合拾遺（第九十組）》，先秦史研究室網站2010-12-17，http://www.xianqin.org/blog/archives/2202.html。
② 蔣玉斌：《甲骨綴合所得新字新形研究》，《古文字學青年論壇論文集》，中研院歷史語言研究所，2013年，第89—92頁。

【著録】　未著録
【分類】　典賓
【釋文】　□巳卜……不閔（咎）。

124（7-129）

【材質】　龜腹甲，長1.9、寬1.8、厚0.4釐米，重0.8克
【著録】　未著録
【分類】　典賓
【釋文】　（1）……降。
　　　　　（2）〖三〗

125（7-178）

【材質】　龜腹甲、右後甲，長3.0、寬2.1、厚0.4釐米，重2.6克
【著録】　未著録
【分類】　典賓
【釋文】　（1）〖一〗
　　　　　（2）其……降……
【解説】　此版甲骨的卜兆存在刻兆現象。

126（7-34）

【材質】　胛骨，長3.7、寬2.9、厚0.2釐米，重0.8克
【著録】　未著録
【分類】　典賓
【釋文】　……固（占）曰：吉……

127（7-202）

【材質】　龜腹甲、中甲，長3.0、寬2.8、厚0.5釐米，重1.5克
【著録】　未著録
【分類】　典賓
【釋文】　……固（占）……之……

128（7-318）

【材質】　龜腹甲，長3.5、寬2.3、厚0.4釐米，重2.2克
【著録】　未著録

【分類】 典賓
【釋文】 正：(1)……固（占）曰……■……

　　　　　　　(2)〖一〗

　　　　　反：……亥……

129（7-42）

【材質】 龜腹甲，長2.0、寬1.4、厚0.4釐米，重0.6克
【著録】 未著録
【分類】 典賓
【釋文】 ……■……娩……〖四〗

130（7-534）

【材質】 龜腹甲、左後甲，長5.5、寬4.5、厚0.6釐米，重12.3克
【著録】 《合集》17359
【分類】 典賓
【釋文】 正：(1)貞：亡其蔑。〖一〗〖不㞢龜〗

　　　　　　　(2)〖二〗

　　　　　反：帚（婦）廿（二十）。

131（7-196）

【材質】 龜腹甲、右後甲，長2.8、寬1.8、厚0.5釐米，重2.4克
【著録】 未著録
【分類】 典賓
【釋文】 正：□戌卜……隹？（唯）……酉……

　　　　　反：……瓚示……■……

132（7-217）

【材質】 龜腹甲、右前甲，長2.9、寬1.7、厚0.2釐米，重1.5克
【著録】 未著録
【分類】 典賓
【釋文】 正：貞：■……

　　　　　反：……帚（婦）井示……

133（7-11）

【材質】 龜腹甲，長2.0、寬1.9、厚0.3釐米，重1.0克
【著録】 未著録
【分類】 典賓
【釋文】 □丑……王……

134（7-246）

【材質】 胛骨，長4.0、寬2.9、厚0.4釐米，重4.8克
【著録】 未著録
【分類】 典賓
【釋文】 丙申卜，爭貞：或……

135（7-297）

【材質】 右背甲，長3.0、寬2.3、厚0.5釐米，重2.0克
【著録】 《合集》3038
【分類】 典賓
【釋文】 ……畫■……正畫……
【解説】 此版甲骨《合集來源表》將館藏號誤爲7-277。

136（7-54）

【材質】 右胛骨，長3.2、寬4.0、厚0.4釐米，重3.2克
【著録】 未著録
【分類】 典賓
【釋文】 癸丑卜，㱿貞。〖二〗

137（7-36）

【材質】 龜腹甲、右前甲，長2.5、寬1.5、厚0.3釐米，重0.9克
【著録】 未著録
【分類】 典賓
【釋文】 □□卜，宁（賓）……

138（7-645）

【材質】 龜腹甲、左後甲，長2.3、寬2.0、厚0.5釐米，重2.5克

【著録】　未著録

【分類】　典賓

【釋文】　（1）……■……

　　　　　（2）□酉［卜］，殼……翼（翌）……

　　　　　（3）〖二〗

【解説】　第（1）（2）辭之間有界畫。

139（7-86）

【材質】　龜腹甲、右前甲，長3.2、寬2.0、厚0.4釐米，重2.0克

【著録】　未著録

【分類】　典賓

【釋文】　（1）□■卜，方（賓）……隹（唯）……

　　　　　（2）〖六〗

140（7-195）

【材質】　胛骨，長4.5、寬2.1、厚0.4釐米，重2.3克

【著録】　未著録

【分類】　典賓

【釋文】　□□卜，𠙵……

141（7-253）

【材質】　龜腹甲、右後甲，長2.8、寬2.4、厚0.4釐米，重1.3克

【著録】　未著録

【分類】　典賓

【釋文】　……古……〖三〗

142（7-243）

【材質】　龜腹甲、右首甲，長2.4、寬2.4、厚0.6釐米，重1.6克

【著録】　未著録

【分類】　典賓

【釋文】　乙□［卜］，爭貞……

143（7-223）

【材質】　龜腹甲、右前甲，長4.0、寬2.4、厚0.5釐米，重2.9克

【著録】 未著録

【分類】 典賓

【釋文】 □□［卜］，永……

144（7-233）

【材質】 右胛骨，長2.5、寬1.8、厚0.4釐米，重1.5克

【著録】 未著録

【分類】 典賓

【釋文】 正：〖三〗

反：甲子［卜］，爭……

145（7-256）

【材質】 胛骨，長3.6、寬2.1、厚0.2釐米，重1.5克

【著録】 未著録

【分類】 典賓

【釋文】 ……卯十……

146（7-127）

【材質】 右背甲，長2.1、寬1.8、厚0.5釐米，重1.2克

【著録】 未著録

【分類】 典賓

【釋文】 （1）……其……

（2）貞：……卒……〖一〗

【解説】 兩辭之間有界畫。

147（7-148）

【材質】 右背甲，長2.5、寬2.2、厚0.4釐米，重1.7克

【著録】 未著録

【分類】 典賓

【釋文】 （1）……■……

（2）貞：……告……

148（7-171）

【材質】 龜腹甲，長2.3、寬1.8、厚0.5釐米，重1.3克

【著録】 未著録
【分類】 典賓
【釋文】 □午卜……

149（7-67）

【材質】 胛骨，長2.5、寬1.7、厚0.2釐米，重0.8克
【著録】 未著録
【分類】 典賓
【釋文】 □□［卜］，■貞……

150（7-25）

【材質】 胛骨，長3.3、寬1.9、厚0.3釐米，重1.4克
【著録】 未著録
【分類】 典賓
【釋文】 ……我……

151（7-66）

【材質】 龜腹甲，長1.9、寬1.4、厚0.5釐米，重1.1克
【著録】 未著録
【分類】 典賓
【釋文】 正：（1）……九月。
　　　　　（2）〖一〗
　　　　反：己……至……人﹖……

152（7-169）

【材質】 右背甲，長2.4、寬1.8、厚0.5釐米，重1.0克
【著録】 未著録
【分類】 典賓
【釋文】 ……不其……

153（7-172）

【材質】 左背甲，長2.5、寬1.9、厚0.5釐米，重1.3克
【著録】 未著録
【分類】 典賓

【釋文】 ……又……七月。

154（7-264）

【材質】 龜腹甲，長2.3、寬2.0、厚0.5釐米，重1.2克
【著錄】 未著錄
【分類】 典賓
【釋文】 正：……■……隹（唯）……
　　　　 反：……■……

155（7-69）

【材質】 龜腹甲、右後甲，長2.3、寬1.5、厚0.4釐米，重0.8克
【著錄】 未著錄
【分類】 典賓
【釋文】 反：……才（在）在 （皿）……

156（7-615）

【材質】 龜腹甲、左尾甲，長2.4、寬1.6、厚0.5釐米，重1.1克
【著錄】 未著錄
【分類】 典賓
【釋文】 …… （遭）……

157（7-282）

【材質】 龜腹甲、右首甲，長3.6、寬3.0、厚0.6釐米，重5.2克
【著錄】 未著錄
【分類】 典賓
【釋文】 癸……〖一〗

158（7-616）

【材質】 龜腹甲、左前甲，長1.7、寬0.9、厚0.3釐米，重0.6克
【著錄】 未著錄
【分類】 典賓
【釋文】 反：……其……

159（7-13）

【材質】　龜腹甲，長1.8、寬1.8、厚0.3釐米，重0.6克
【著録】　未著録
【分類】　賓組
【釋文】　……■屮廿（二十）……若？……

160（7-617）

【材質】　龜腹甲、右後甲，長2.3、寬1.7、厚0.5釐米，重0.9克
【著録】　未著録
【分類】　賓組
【釋文】　（1）…… 盟（婚）……
　　　　　（2）〖六〗

161（7-655）

【材質】　龜腹甲、右後甲，長2.3、寬1.8、厚0.5釐米，重1.0克
【著録】　未著録
【分類】　賓組
【釋文】　甲……

162（7-18）

【材質】　龜腹甲，長1.5、寬1.4、厚0.3釐米，重0.5克
【著録】　未著録
【分類】　賓組
【釋文】　（1）……其……
　　　　　（2）……■……〖三〗

163（7-317）

【材質】　胛骨，長3.4、寬3.3、厚0.5釐米，重3.9克
【著録】　未著録
【分類】　賓組
【釋文】　……■■……

164（7–31）

【材質】 左胛骨，長2.8、寬1.8、厚0.4釐米，重1.5克
【著録】 未著録
【分類】 典賓
【釋文】 （1）〖二〗
　　　　 （2）〖不㞢龜〗

165（7–47）

【材質】 胛骨，長1.8、寬1.2、厚0.4釐米，重0.5克
【著録】 未著録
【分類】 典賓
【釋文】 〖不㞢龜〗

166（7–198）

【材質】 左胛骨，長6.0、寬3.4、厚0.5釐米，重5.6克
【著録】 未著録
【分類】 典賓
【釋文】 〖不㞢龜〗

167（7–208）

【材質】 左胛骨，長3.3、寬2.5、厚0.6釐米，重2.3克
【著録】 未著録
【分類】 典賓
【釋文】 〖不㞢龜〗

168（7–250）

【材質】 右胛骨，長3.5、寬2.0、厚0.4釐米，重3.0克
【著録】 未著録
【分類】 典賓
【釋文】 （1）〖三〗
　　　　 （2）〖不㞢龜〗

169（7–309）

【材質】　左胛骨，長5.1、寬2.0、厚0.5釐米，重3.4克
【著録】　未著録
【分類】　典賓
【釋文】　(1)〖二〗
　　　　　(2)〖不冬黽〗

170（7–313）

【材質】　龜腹甲、左後甲，長3.0、寬2.7、厚0.6釐米，重2.8克
【著録】　未著録
【分類】　典賓
【釋文】　〖不冬黽〗

171（7–639）

【材質】　左胛骨，長2.3、寬1.6、厚0.5釐米，重1.1克
【著録】　未著録
【分類】　典賓
【釋文】　(1)〖二〗
　　　　　(2)〖不冬黽〗

172（7–247）

【材質】　右胛骨，長2.4、寬2.6、厚0.4釐米，重1.4克
【著録】　未著録
【分類】　典賓
【釋文】　(1)〖二〗
　　　　　(2)〖三告〗

173（7–624）

【材質】　左胛骨，長2.4、寬0.9、厚0.4釐米，重0.6克
【著録】　未著録
【分類】　典賓
【釋文】　(1)〖四〗
　　　　　(2)〖小告〗

174（7-642）

【材質】 龜腹甲，長2.0、寬1.9、厚0.4釐米，重1.0克
【著録】 未著録
【分類】 典賓
【釋文】 〖二告〗

175（7-281）

【材質】 龜腹甲、左後甲，長3.0、寬2.4、厚0.4釐米，重2.2克
【著録】 未著録
【分類】 典賓
【釋文】 （1）〖二告〗
　　　　 （2）〖三〗
　　　　 （3）〖四〗

176（7-543）

【材質】 龜腹甲、右後甲，長6.3、寬3.7、厚0.5釐米，重9.2克
【著録】 未著録
【分類】 典賓
【釋文】 （1）〖五〗
　　　　 （2）〖六〗
　　　　 （3）〖七〗
　　　　 （4）〖八〗

177（7-646）

【材質】 龜腹甲，長1.8、寬1.6、厚0.2釐米，重0.5克
【著録】 未著録
【分類】 典賓
【釋文】 〖五〗

178（7-648）

【材質】 龜腹甲，長2.0、寬1.8、厚0.5釐米，重1.1克
【著録】 未著録
【分類】 典賓
【釋文】 〖六〗

179（7-65）

【材質】　龜腹甲、右前甲，長2.6、寬1.8、厚0.3釐米，重1.2克
【著録】　未著録
【分類】　賓組
【釋文】　〖七〗

180（7-5）

【材質】　左胛骨，長2.3、寬2.5、厚0.6釐米，重3.9克
【著録】　未著録
【分類】　賓組
【釋文】　（1）〖二〗
　　　　　（2）〖二〗
　　　　　（3）〖二告〗

181（7-17）

【材質】　龜腹甲，長1.8、寬0.3、厚0.5釐米，重0.7克
【著録】　未著録
【分類】　賓組
【釋文】　〖小告〗

182（無號小）

【材質】　龜腹甲，長1.5、寬0.9、厚0.4釐米，重0.2克
【著録】　未著録
【分類】　賓組
【釋文】　〖五〗

183（7-556）

【材質】　右胛骨，長3.1、寬2.4、厚0.3釐米，重2.1克
【著録】　《合集》19177
【分類】　賓組？
【釋文】　〖一〗
【解説】　正面兆序《合集》未著録，反面刻辭著録爲19177，這些刻辭爲僞刻，其文字刻寫得較奇怪，如"弗"的豎筆加短橫和斜畫（𣉢），"其"的豎筆加短橫且豎筆穿過橫畫（𠥩）、"聽"字中的"耳"形不標準（𦔻）。另"貞"字因下方有鑽

鑿而刻寫得高於"弗"等三字，亦不太符合一般的刻寫行款規律。

184（7-70）

【材質】右背甲，長1.8、寬1.8、厚0.2釐米，重0.6克
【著録】未著録
【分類】賓組？
【釋文】反：■……

185（7-160）

【材質】龜腹甲，長1.8、寬1.2、厚0.6釐米，重0.6克
【著録】未著録
【分類】賓三
【釋文】貞：射……羌……囧（甲）……大……

186（7-551）

【材質】龜腹甲、右後甲，長4.2、寬3.6、厚0.4釐米，重3.8克
【著録】《合集》9628
【分類】賓三
【釋文】（1）丙辰卜，方（賓）貞：其告黽于囧（甲），不■，隹（唯）其舌，隹（唯）■。
（2）丁丑［卜］，□貞：出……〖一〗
【解說】兩辭間有界畫。

187（7-512）

【材質】龜腹甲、左後甲，長4.2、寬3.8、厚0.4釐米，重5.9克
【著録】《合集》1597
【分類】賓三
【釋文】（1）……■……■……
（2）貞：叀（惠）三小宰。五月。〖二〗
（3）甲辰卜，方（賓）貞：弓（勿）出。八月。〖一〗
（4）甲申［卜］，□貞：……丁……登……于祖乙。
（5）貞：……令……〖二〗

188（7-583）

【材質】左胛骨，長5.7、寬4.0、厚0.5釐米，重9.3克

【著録】《合集》962

【分類】賓三

【釋文】（1）壬戌卜，爭貞：翼（翌）癸□邑……

　　　　（2）貞：宰屮（又）一牛。〖一〗

　　　　（3）癸亥卜貞：屮伐□丁十……七月。

【解説】"十"刻於刮削後的骨面。

189（7-594）

【材質】龜腹甲、右後甲，長3.0、寬2.9、厚0.4釐米，重2.9克

【著録】《合集》15464

【分類】賓三

【釋文】（1）丙申卜，古貞：翼（翌）丁酉叀（惠）丁气（訖）歲用。三月。〖三〗

　　　　（2）……■……月。

【解説】第（1）辭的卜辭打破卜兆，故此辭的兆序刻於其下方的卜兆旁。

190（7-94）

【材質】龜腹甲、右前甲，長2.0、寬1.8、厚0.4釐米，重1.3克

【著録】未著録

【分類】賓三

【釋文】（1）……■ 羍……丁……十……羌。

　　　　（2）貞：……酚……丁……〖二〗

191（7-120）

【材質】龜腹甲、左前甲，長2.0、寬2.0、厚0.3釐米，重1.3克

【著録】未著録

【分類】賓三

【釋文】……卓……丁羌……

192（7-135）

【材質】龜腹甲，長2.2、寬2.1、厚0.5釐米，重1.1克

【著録】未著録

【分類】賓三

【釋文】（1）□申卜，方（賓）［貞］：翼（翌）……屮……丁……

　　　　（2）貞：……癸……屮……丁■……〖三〗

193（7-139）

【材質】龜腹甲、右前甲，長2.2、寬1.8、厚0.5釐米，重1.4克
【著錄】未著錄
【分類】賓三
【釋文】癸亥……叀（惠）丁卯……肇丁……

194（7-224）

【材質】龜腹甲、左後甲，長2.5、寬2.5、厚0.4釐米，重1.4克
【著錄】未著錄
【分類】賓三
【釋文】（1）□申卜……翼（翌）……咒（夙）……■于……■……
　　　　（2）……來……巳……

195（7-216）

【材質】龜腹甲，長7.9、寬2.5、厚0.8釐米，重14.5克
【著錄】未著錄
【分類】賓三
【釋文】（1）弜（勿）……一月。
　　　　（2）甲……貞：……屮……邑……■……〖一〗

196（7-133）

【材質】龜腹甲，長2.2、寬1.8、厚0.4釐米，重1.6克
【著錄】未著錄
【分類】賓三
【釋文】（1）□辰卜……弜（勿）……十一月。
　　　　（2）貞：……宗……〖三〗

197（7-111）

【材質】左背甲，長4.5、寬1.9、厚0.3釐米，重2.2克
【著錄】未著錄
【分類】賓三
【釋文】（1）……尸（夷）……牛……
　　　　（2）丙午……貞：……不……屮……疾……〖一〗
　　　　（3）貞：其……〖一〗

【解説】 第（2）（3）辭之間、第（2）辭上方皆有界畫。

198（7-144）

【材質】 龜腹甲，長2.1、寬2.0、厚0.3釐米，重1.2克
【著録】 未著録
【分類】 賓三
【釋文】 （1）□酉卜，□貞：……于……小宰。
　　　　 （2）丙午……焱……〖一〗
【解説】 兩辭之間有界畫。

199（7-241）

【材質】 龜腹甲、左後甲，長3.7、寬3.3、厚0.6釐米，重6.1克
【著録】 未著録
【分類】 賓三
【釋文】 （1）……于……宰……
　　　　 （2）〖一〗

200（7-570）

【材質】 龜腹甲、右前甲，長3.9、寬2.9、厚0.5釐米，重3.4克
【著録】 《合集》7809
【分類】 賓三
【釋文】 癸酉卜，□貞：㱃□尋入商。九月。〖二〗

201（7-240）

【材質】 龜腹甲，長2.6、寬1.6、厚0.3釐米，重0.8克
【著録】 未著録
【分類】 賓三？
【釋文】 甲辰卜貞：牢，六■。

202（7-96）

【材質】 龜腹甲、右前甲，長1.8、寬1.5、厚0.3釐米，重0.6克
【著録】 未著録
【分類】 賓三
【釋文】 癸巳卜，□〔貞〕：……乎（呼）多……見……▯……

203（7-60）

【材質】 龜腹甲、右後甲，長1.9、寬1.9、厚0.3釐米，重1.1克
【著録】 《合集》5507
【分類】 賓三
【釋文】 乙亥卜，□貞：立二……事屮一……■殼舟……〖一〗

204（7-149）

【材質】 龜腹甲、右前甲，長2.5、寬1.6、厚0.6釐米，重1.2克
【著録】 未著録
【分類】 賓三
【釋文】 ……翼（翌）庚……亞……告。
【解説】 此版卜辭與《合集》5687乃同文卜辭，據之可將此辭補作："貞：翼（翌）庚申亞先告。"

205（7-158）

【材質】 龜腹甲、右前甲，長2.0、寬1.7、厚0.5釐米，重1.2克
【著録】 未著録
【分類】 賓三
【釋文】 □酉卜，□貞：令……霍（迓）……①

206（7-344）

【材質】 龜腹甲、右後甲，長2.3、寬1.5、厚0.6釐米，重1.3克
【著録】 未著録
【分類】 賓三
【釋文】 貞：今丁……其以……眔羍……令……〖一〗

207（7-550）

【材質】 龜腹甲、右後甲，長3.1、寬2.1、厚0.4釐米，重1.8克
【著録】 《合集》636
【分類】 賓三
【釋文】 （1）丙申卜，爭貞：令出以商臣于盖。

---

① 此字讀爲"迓"，參看沈培：《釋甲骨金文中的"迓"——兼論上古音魚月通轉的證據問題》，"上古音與古文字研究的整合"國際研討會論文，澳門大學中國語言文學系、香港浸會大學饒宗頤國學院主辦，2017年7月15—17日。

（2）……貞……立……

208（7-151）

【材質】　龜腹甲，長2.1、寬2.0、厚0.4釐米，重0.9克
【著録】　未著録
【分類】　賓三
【釋文】　（1）戊□［卜］，方（賓）……令……取……〖三〗
　　　　　（2）……工乎（呼）……不……

209（7-538）

【材質】　龜腹甲，長3.5、寬3.3、厚0.3釐米，重3.5克
【著録】　《合集》10963
【分類】　賓三
【釋文】　正：（1）虫（有）雨，王步。〖二〗
　　　　　　　（2）貞：……獸（狩）……𠈇……〖二〗
　　　　　　　（3）〖二〗
　　　　　反：庚子……
【解説】　第（3）辭右側有小段界畫。

210（7-541）

【材質】　右背甲，長3.6、寬3.1、厚0.4釐米，重4.0克
【著録】　《合集》10422
【分類】　賓三
【釋文】　（1）……■……
　　　　　（2）貞：其隹（唯）王隻（獲）射兕。一月。〖一〗
　　　　　（3）……兕……
【解説】　第（1）（2）之間有界畫，從第（2）辭中的“王”字避讓界畫可知第（1）辭先
　　　　　於第（2）辭刻寫。

211（7-590）

【材質】　右背甲，長3.2、寬2.4、厚0.3釐米，重2.4克
【著録】　《合集》5577
【分類】　賓三
【釋文】　……逐自■小臣鬼■入于■……
【解説】　此辭中的“自”“鬼”兩字犯兆。

212（7-74）

【材質】 龜腹甲、左前甲，長2.7、寬2.4、厚0.3釐米，重1.5克
【著録】 未著録
【分類】 賓三
【釋文】 貞：不其雨。

213（7-109）

【材質】 右背甲，長2.2、寬1.9、厚0.7釐米，重1.5克
【著録】 未著録
【分類】 賓三
【釋文】 貞：今夕不其雨。

214（7-162）

【材質】 龜腹甲、左後甲，長4.1、寬2.6、厚0.4釐米，重3.3克
【著録】 未著録
【分類】 賓三
【釋文】 （1）貞：其雨。〖一〗
　　　　 （2）貞：■……〖一〗

215（7-168）

【材質】 左背甲，長2.7、寬2.0、厚0.5釐米，重1.8克
【著録】 未著録
【分類】 賓三
【釋文】 ……■其㲋（啟）。之夕允不雨。〖一〗

216（7-181）

【材質】 左背甲，長3.8、寬2.5、厚0.7釐米，重3.7克
【著録】 未著録
【分類】 賓三
【釋文】 貞：今夕㲋（啟）。〖二〗

217（7-194）

【材質】 左背甲，長3.1、寬2.2、厚0.4釐米，重2.8克

【著録】　未著録
【分類】　賓三
【釋文】　（1）……雨。
　　　　　（2）不其雨。
　　　　　（3）其……

218（7-201）

【材質】　左背甲，長2.9、寬1.9、厚0.3釐米，重1.6克
【著録】　未著録
【分類】　賓三
【釋文】　……叀（惠）雨。

219（7-274）

【材質】　左背甲，長3.6、寬3.2、厚0.4釐米，重3.7克
【著録】　未著録
【分類】　賓三
【釋文】　甲寅卜，允貞：今日不雨。〖一〗

220（7-302）

【材質】　左背甲，長3.0、寬2.1、厚0.6釐米，重2.0克
【著録】　未著録
【分類】　賓三
【釋文】　……夕……雨。

221（7-326）

【材質】　龜腹甲、右尾甲，長6.3、寬3.4、厚0.7釐米，重6.3克
【著録】　未著録
【分類】　賓三
【釋文】　□□卜，爭……雨隹（唯）……

222（7-334）

【材質】　左背甲，長2.8、寬1.6、厚0.8釐米，重2.6克
【著録】　未著録
【分類】　賓三

【釋文】　貞：今夕其雨。

223（7–335）

　　【材質】　左背甲，長3.4、寬2.1、厚0.3釐米，重1.9克
　　【著録】　未著録
　　【分類】　賓三
　　【釋文】　（1）……■……雨。
　　　　　　　（2）丁卯卜貞：今夕其■。〖一〗

224（7–336）

　　【材質】　龜腹甲，長2.3、寬1.6、厚0.3釐米，重1.0克
　　【著録】　未著録
　　【分類】　賓三
　　【釋文】　貞：今……雨。〖三〗

225（7–585）

　　【材質】　左背甲，長4.2、寬2.8、厚0.4釐米，重4.5克
　　【著録】　《合集》11859
　　【分類】　賓三
　　【釋文】　（1）貞：其雨。〖一〗
　　　　　　　（2）貞：翼（翌）乙丑雨。〖一〗

226（7–79）

　　【材質】　龜腹甲、左後甲，長2.5、寬1.2、厚0.4釐米，重0.9克
　　【著録】　未著録
　　【分類】　賓三？
　　【釋文】　貞：其……雨。〖二〗

227（7–234）

　　【材質】　左背甲，長2.3、寬1.4、厚0.3釐米，重1.0克
　　【著録】　未著録
　　【分類】　賓三？
　　【釋文】　……夕……雨。

228（7-301）

【材質】 龜腹甲、中甲，長3.5、寬1.9、厚0.6釐米，重2.0克
【著録】 未著録
【分類】 賓三₂
【釋文】 （1）□戌卜，□貞：今……不……
　　　　 （2）……貞：叀（惠）……雨。

229（7-93）

【材質】 龜腹甲，長2.5、寬1.7、厚0.6釐米，重1.4克
【著録】 未著録
【分類】 賓三
【釋文】 （1）□□□卜，□貞……王……彗。
　　　　 （2）戊寅［卜］，□貞……王……〖一〗
【解説】 兩辭間有界畫。從第（2）辭"貞""王"兩字避讓界畫，可知第（1）辭先刻寫。

230（7-82）

【材質】 龜腹甲、左後甲，長2.6、寬1.9、厚0.5釐米，重2.2克
【著録】 未著録
【分類】 賓三
【釋文】 （1）□亥卜，□［貞］：旬□凶（憂）。
　　　　 （2）癸卯［卜］，古［貞］：旬□凶（憂）。〖一〗

231（7-91）

【材質】 左背甲，長2.1、寬1.9、厚0.5釐米，重1.1克
【著録】 未著録
【分類】 賓三
【釋文】 癸酉卜，事貞：今夕亡凶（憂）。〖一〗

232（7-110）

【材質】 左背甲，長2.1、寬1.7、厚0.3釐米，重0.9克
【著録】 未著録
【分類】 賓三
【釋文】 辛亥卜，□貞：今夕［亡］凶（憂）。

233（7-164）

【材質】龜腹甲，長2.5、寬2.5、厚0.5釐米，重1.4克
【著錄】未著錄
【分類】賓三
【釋文】（1）……十二［月］。
（2）貞：其……囚（憂）……十三月。

234（7-323）

【材質】龜腹甲，右前甲，長2.5、寬1.8、厚0.3釐米，重1.2克
【著錄】未著錄
【分類】賓三
【釋文】□□卜，𢀛［貞］：今夕［亡］囚（憂）。

235（7-514）

【材質】龜腹甲、右前甲，長4.1、寬2.4、厚0.4釐米，重3.8克
【著錄】《合集》16779
【分類】賓三
【釋文】（1）□丑卜，□貞：旬［亡］囚（憂）。十一月。
（2）癸卯卜，事貞：旬亡囚（憂）。十三月。

236（7-327）

【材質】龜腹甲、右前甲，長4.0、寬4.0、厚0.7釐米，重4.9克
【著錄】未著錄
【分類】賓三
【釋文】（1）壬□［卜］，事貞：■叀（惠）吉。
（2）丁卯卜，□貞：□叀（惠）［吉］。〖一〗

237（7-116）

【材質】龜腹甲、左後甲，長3.9、寬2.5、厚0.4釐米，重2.9克
【著錄】未著錄
【分類】賓三？
【釋文】（1）癸未卜貞：旬［亡］囚（憂）。……二□。
（2）癸□［卜］貞：［旬］亡［囚（憂）］……〖二〗
（3）癸……

【解説】 第（1）（2）辭之間有界畫。

238（7-213）

【材質】 龜腹甲、右前甲，長1.8、寬1.7、厚0.3釐米，重1.0克
【著録】 未著録
【分類】 賓三
【釋文】 ……不其……（才）在七月。

239（7-27）

【材質】 龜腹甲、左前甲，長3.2、寬2.0、厚0.3釐米，重1.7克
【著録】 未著録
【分類】 賓三
【釋文】 貞：不其以。

240（7-104）

【材質】 龜腹甲，長2.1、寬2.0、厚0.3釐米，重1.2克
【著録】 未著録
【分類】 賓三
【釋文】 （1）□□卜，宁（賓）……丙……
　　　　 （2）己亥［卜］，□貞：……墉……〖二〗

241（7-159）

【材質】 龜腹甲、右後甲，長6.2、寬1.8、厚0.5釐米，重2.6克
【著録】 未著録
【分類】 賓三
【釋文】 戊子卜貞：王不■。

242（7-207）

【材質】 左背甲，長3.4、寬2.9、厚0.4釐米，重2.5克
【著録】 未著録
【分類】 賓三
【釋文】 庚午卜，事貞：今夕……

243（7-287）

　　【材質】　右背甲，長4.0、寬1.8、厚0.6釐米，重2.1克
　　【著録】　未著録
　　【分類】　賓三
　　【釋文】　……今夕不……
　　【解説】　"不"字左側骨面有刮削，在兆左側可見三豎筆，字口很淺。

244（7-305）

　　【材質】　左背甲，長3.4、寬1.3、厚0.6釐米，重2.4克
　　【著録】　未著録
　　【分類】　賓三
　　【釋文】　貞：今夕不。
　　【解説】　"不"字下方骨面有刮削，刮削後未刻字。

245（7-143）

　　【材質】　龜腹甲，長2.3、寬1.4、厚0.4釐米，重0.7克
　　【著録】　未著録
　　【分類】　賓三?
　　【釋文】　……叀（惠）……十一月。

246（7-55）

　　【材質】　龜腹甲、左後甲，長3.9、寬2.2、厚0.5釐米，重4.0克
　　【著録】　未著録
　　【分類】　賓三?
　　【釋文】　（1）……其……
　　　　　　　（2）貞：……其……〖一〗

247（7-273）

　　【材質】　右背甲，長2.7、寬2.0、厚0.4釐米，重1.8克
　　【著録】　未著録
　　【分類】　賓三?
　　【釋文】　貞：今……其……〖三〗

248（7-299）

【材質】 龜腹甲、中甲，長2.5、寬1.8、厚0.6釐米，重1.6克
【著録】 未著録
【分類】 賓三？
【釋文】 □戌卜，□貞：令……

249（7-62）

【材質】 龜腹甲、左前甲，長2.8、寬2.5、厚0.4釐米，重1.5克
【著録】 未著録
【分類】 賓組？
【釋文】 （1）……■……
　　　　（2）……■……

250（7-257）

【材質】 胛骨，長2.6、寬2.1、厚0.6釐米，重1.5克
【著録】 未著録
【分類】 賓組？
【釋文】 ……■……
【解説】 此殘字字口塗朱，其他刻畫似爲僞刻。

251（7-546）

【材質】 右胛骨，長18.5、寬3.1、厚0.6釐米，重37.7克
【著録】 《合集》32171，《佚》897
【分類】 歷一
【釋文】 （1）甲子夕卜：又祖乙一羌，歲三牢。〖一〗
　　　　（2）戊寅卜：又匕（妣）庚五妞（妃）、十牢。不用。〖三〗
　　　　（3）丁亥卜：于來庚子酌。
　　　　（4）己亥卜：不雨，庚子夕雨。
　　　　（5）己亥卜：其雨。庚子允夕雨。
　　　　（6）癸卯卜：不雨。甲辰允不雨。
　　　　（7）癸卯卜：□雨。
　　　　（8）□□卜……

252（7-544）

【材質】 右胛骨，長7.4、寬2.7、厚0.6釐米，重17.0克
【著録】《合集》34294，《佚》888
【分類】 歷二
【釋文】（1）辛巳卜鼎（貞）：王宊（賓）夒、匣（甲），即于河。
（2）□巳卜鼎（貞）：王宊（賓）河。

253（7-548）

【材質】 右胛骨，長9.1、寬3.9、厚0.5釐米，重28.9克
【著録】《合集》32545
【分類】 歷二
【釋文】（1）辛酉……
（2）甲戌卜：祖乙其生㲋。〖一〗
（3）弜（勿）□㲋。

254（7-557）

【材質】 右胛骨，長6.4、寬2.1、厚0.6釐米，重6.9克
【著録】《合集》34334
【分類】 歷二
【釋文】（1）癸……
（2）弜（勿）又。
（3）……牢。

255（7-576）

【材質】 右胛骨，長15.4、寬3.6、厚0.7釐米，重32.1克
【著録】《合集》32121
【分類】 歷二
【釋文】（1）丙……■……〖一〗
（2）二牢。〖一〗
（3）三牢。
（4）〖一〗
（5）于宗用羌一。

256（7-547）

【材質】　右胛骨，長12.5、寬2.0、厚0.4釐米，重21.1克
【著録】　《合集》32897，《佚》913
【分類】　歷二
【釋文】　（1）丁未貞：王其令望乘帚（歸），其告于祖乙□□。
　　　　　（2）丁未貞：王令卯宔（迓）𠂤方。
　　　　　（3）□卯□：又𠂤□于伊□，卯一牛。
【解説】　據《合集》32229之成套卜辭，《合集》32896之相關卜辭，可知第（1）辭“祖乙”後所缺爲“二牛”兩字。第（3）辭可補作“乙卯貞：又𠂤伐于伊尹，卯一牛”。

257（7-180）

【材質】　右胛骨，長3.0、寬2.4、厚0.6釐米，重3.9克
【著録】　未著録
【分類】　歷二
【釋文】　弜（勿）令。〖三〗

258（7-255）

【材質】　右胛骨，長3.2、寬2.0、厚0.3釐米，重2.4克
【著録】　未著録
【分類】　歷二
【釋文】　（1）乙巳貞：……
　　　　　（2）〖二〗

259（7-81）

【材質】　龜腹甲，長2.3、寬1.8、厚0.5釐米，重1.1克
【著録】　未著録
【分類】　出一
【釋文】　貞：……三宰……五……〖二〗

260（7-581）

【材質】　左胛骨，長3.1、寬2.1、厚0.3釐米，重1.4克
【著録】　《合集》4298
【分類】　出一

【釋文】（1）丙辰卜：钔（禦）……
　　　　（2）貞：叀（惠）商令。
　　　　（3）□戌。

261（7-117）

【材質】　龜腹甲、右後甲，長2.6、寬2.0、厚0.5釐米，重1.8克
【著錄】　未著錄
【分類】　出一
【釋文】（1）……■……
　　　　（2）貞：……午……以……自……〖一〗

262（7-16）

【材質】　龜腹甲、左後甲，長2.7、寬1.6、厚0.5釐米，重1.3克
【著錄】　未著錄
【分類】　出一
【釋文】（1）□□卜……亡……
　　　　（2）癸酉卜，□貞：……囗（憂）……〖一〗

263（7-28）

【材質】　龜腹甲、左後甲，長2.4、寬2.4、厚0.3釐米，重0.9克
【著錄】　未著錄
【分類】　出一
【釋文】（1）□□［卜］，大……亡……月。
　　　　（2）□□［卜］，大……亡……〖一〗

264（7-49）

【材質】　左胛骨，長2.5、寬1.2、厚0.5釐米，重0.9克
【著錄】　未著錄
【分類】　出一
【釋文】（1）丙午［卜］，□貞：王……
　　　　（2）……亡……

265（7-9）

【材質】　龜腹甲、右後甲，長2.5、寬2.3、厚0.3釐米，重1.4克

【著録】　未著録
【分類】　出一？
【釋文】　（1）……于……八月。
　　　　　（2）貞：……〖一〗

266（7-604）

【材質】　右胛骨，長11.8、寬1.6、厚0.4釐米，重13.3克
【著録】　《合集》16493
【分類】　出一
【釋文】　（1）己亥。
　　　　　（2）庚子。
　　　　　（3）辛丑。
　　　　　（4）貞：其……囚（憂）。

267（7-176）

【材質】　龜腹甲、左後甲，長2.9、寬2.5、厚0.5釐米，重2.2克
【著録】　未著録
【分類】　出一
【釋文】　貞：今？夕……

268（7-529）

【材質】　龜腹甲，長2.0、寬1.4、厚0.3釐米，重0.6克
【著録】　《合集》23094
【分類】　出二
【釋文】　□□卜，旅貞：……魯甲……

269（7-552+555）

【材質】　左胛骨，長15.3、寬4.7、厚0.9釐米，重23.8克
【著録】　《合集》23326＞23360（7-555），《佚》878
【分類】　出二
【釋文】　（1）……甲……
　　　　　（2）己巳卜，行貞：翼（翌）庚午歲，其征于羌甲匕（妣）庚。
　　　　　（3）貞：于毓匕（妣）。
　　　　　（4）貞：匕（妣）庚歲竝酌。
　　　　　（5）貞：弜（勿）竝酌。

（6）貞：匕（妣）庚歲重（惠）棄酚先日。

（7）……■……

【解説】《合集來源表》將23326的來源之一注爲《録》701，有誤。

270（7-559）

【材質】右背甲，長3.1、寬2.6、厚0.5釐米，重3.0克
【著録】《合集》25764
【分類】出二
【釋文】丙子［卜］，□貞：……毓……龠叙……

271（7-561）

【材質】右胛骨，長7.0、寬2.3、厚0.7釐米，重13.8克
【著録】《合集》23173
【分類】出二
【釋文】（1）癸未卜，臥貞：翼（翌）甲申其又于父丁。
（2）□：母（毋）□。三月。

272（7-123）

【材質】左背甲，長1.6、寬1.6、厚0.4釐米，重0.9克
【著録】未著録
【分類】出二
【釋文】甲₂申卜，出貞：王盈（賓）叽（夙）……

273（7-170）

【材質】龜腹甲、右前甲，長2.5、寬1.3、厚0.3釐米，重0.9克
【著録】未著録
【分類】出二
【釋文】□未卜，尹［貞］：王盈（賓）……歲三牛……又（㞢）。

274（7-3）

【材質】胛骨，長2.7、寬2.5、厚0.5釐米，重3.4克
【著録】未著録
【分類】出二
【釋文】□未卜，行［貞］：王盈（賓）……裸……亡……■。

275（7–75）

【材質】左背甲，長2.9、寬2.1、厚0.4釐米，重1.4克
【著録】未著録
【分類】出二
【釋文】（1）□□卜，行［貞］：王宕（賓）□祼，［亡］囏（憂）。二□。
　　　　（2）貞：……

276（7–210）

【材質】龜腹甲、中甲，長3.5、寬2.7、厚0.7釐米，重2.8克
【著録】未著録
【分類】出二
【釋文】丁酉［卜］，□貞：王……祼……七月。

277（7–314）

【材質】右背甲，長2.3、寬2.1、厚0.6釐米，重1.5克
【著録】未著録
【分類】出二
【釋文】……啓……亡……
【解說】此辭下方有界畫。

278（7–316）

【材質】右背甲，長2.5、寬2.5、厚0.4釐米，重1.4克
【著録】未著録
【分類】出二
【釋文】□□［卜］，旅［貞］：［王］宕（賓）……祼，［亡］囏（憂）。

279（7–319）

【材質】龜腹甲、右後甲，長2.3、寬1.7、厚0.5釐米，重1.3克
【著録】未著録
【分類】出二
【釋文】辛□［卜］，□貞：［王］宕（賓）……伐……

280（7-324）

　　【材質】　龜腹甲，長2.9、寬2.5、厚0.6釐米，重0.9克
　　【著録】　未著録
　　【分類】　出二
　　【釋文】　□亥卜，旅［貞］：［王］疌（賓）……囚（憂）。

281（7-262）

　　【材質】　龜腹甲，長1.7、寬1.7、厚0.3釐米，重0.6克
　　【著録】　未著録
　　【分類】　出二
　　【釋文】　□□卜，旅［貞］：［王］疌（賓）□，亡□。
　　【解説】　此辭下方有界畫。

282（7-270）

　　【材質】　胛骨，長4.3、寬3.3、厚0.3釐米，重2.8克
　　【著録】　未著録
　　【分類】　出二
　　【釋文】　□□［卜］，□［貞］：王疌（賓）■……夕亡囚（憂）。

283（7-275）

　　【材質】　龜腹甲，長2.6、寬2.1、厚0.5釐米，重1.5克
　　【著録】　未著録
　　【分類】　出二
　　【釋文】　庚寅［卜］，□貞：［王］［疌（賓）］叙……〖一〗

284（7-339）

　　【材質】　左背甲，長2.0、寬1.4、厚0.4釐米，重0.9克
　　【著録】　未著録
　　【分類】　出二
　　【釋文】　貞：王□𩁹（夙）□，亡□。

285（7-341）

　　【材質】　右背甲，長2.4、寬2.3、厚0.6釐米，重1.6克

【著録】　未著録
【分類】　出二
【釋文】　癸亥卜貞：王宀（賓）■……

286（7-308）

【材質】　龜腹甲、右前甲，長3.4、寬2.9、厚0.7釐米，重3.1克
【著録】　未著録
【分類】　出二
【釋文】　己亥卜，□貞：又……子又……叙其……〖一〗

287（7-279）

【材質】　龜腹甲、左前甲，長3.7、寬3.3、厚0.4釐米，重2.7克
【著録】　未著録
【分類】　出二
【釋文】　（1）……■……
　　　　　（2）癸□［卜］，□貞：■……夕酙……

288（7-636）

【材質】　龜腹甲，長1.3、寬1.3、厚0.3釐米，重0.3克
【著録】　未著録
【分類】　出二
【釋文】　（1）□□［卜］，肩……宀（賓）……
　　　　　（2）■……■……

289（7-184）

【材質】　龜腹甲、右後甲，長3.0、寬2.9、厚0.5釐米，重3.2克
【著録】　未著録
【分類】　出二
【釋文】　（1）……■……
　　　　　（2）壬申［卜］，□貞：王……
　　　　　（3）〖一〗

290（7-291）

【材質】　龜腹甲，長2.9、寬2.0、厚0.3釐米，重1.1克

【著録】 未著録

【分類】 出二

【釋文】 癸巳［卜］，□貞：王……亡……〖一〗

291（7-340）

【材質】 龜腹甲，長1.7、寬1.7、厚0.3釐米，重0.8克

【著録】 未著録

【分類】 出二

【釋文】 ……亡又（祐）。

292（7-38）

【材質】 左背甲，長1.9、寬1.5、厚0.7釐米，重1.0克

【著録】 未著録

【分類】 出二

【釋文】 (1)……夕……■……

　　　　(2)壬□［卜］，□貞：……

293（7-629）

【材質】 龜腹甲，長1.8、寬1.8、厚0.4釐米，重0.8克

【著録】 未著録

【分類】 出二

【釋文】 □□［卜］，□貞：……又（祐）……

294（7-199）

【材質】 龜腹甲、左後甲，長3.0、寬1.5、厚0.4釐米，重1.2克

【著録】 未著録

【分類】 出二

【釋文】 辛□［卜］，□貞：……亡……〖一〗

295（7-242）

【材質】 龜腹甲、右首甲，長3.7、寬3.2、厚0.7釐米，重4.1克

【著録】 未著録

【分類】 出二

【釋文】 壬……于……亡……八□。

296（7-251）

【材質】 右背甲，長2.4、寬2.4、厚0.5釐米，重2.0克
【著録】 未著録
【分類】 出二
【釋文】 貞：亡又（咎）。七月。

297（7-300）

【材質】 龜腹甲，長2.7、寬2.0、厚0.6釐米，重1.1克
【著録】 未著録
【分類】 出二
【釋文】 ……又（咎）……三月。

298（7-103）

【材質】 龜腹甲，長2.2、寬2.1、厚0.4釐米，重1.2克
【著録】 未著録
【分類】 出二
【釋文】 貞：……秉……祝……

299（7-589）

【材質】 龜腹甲、左尾甲，長4.0、寬3.5、厚0.7釐米，重5.2克
【著録】 《合集》24135，《後》下27.13，《通》760
【分類】 出二
【釋文】 （1）辛未王卜：曰：↑告多君曰：𦣞卜又求（咎）。
　　　　（2）……■于方……
【解説】 兩辭間有界畫。

300（7-520）

【材質】 龜腹甲、右後甲，長2.4、寬2.3、厚0.4釐米，重1.8克
【著録】 《合集》8209，《前》1.48.2
【分類】 出二
【釋文】 （1）□□卜……令𣄰……于徨。
　　　　（2）……■……

301（7-155）

【材質】 左背甲，長2.3、寬1.6、厚0.7釐米，重0.6克
【著録】 未著録
【分類】 出二
【釋文】 ……才（在）自滴□。

302（7-598）

【材質】 右背甲，長4.7、寬2.4、厚0.7釐米，重4.2克
【著録】 《合集》24737
【分類】 出二
【釋文】 （1）貞：今日雨。〖二〗
　　　　（2）貞：不其雨。才（在）五月。〖三〗

303（7-80）

【材質】 龜腹甲，長2.6、寬1.8、厚0.5釐米，重1.1克
【著録】 未著録
【分類】 出二
【釋文】 □午？王卜……征貞：……兹大……九月。

304（7-235）

【材質】 龜腹甲、右前甲，長2.2、寬1.8、厚0.3釐米，重0.9克
【著録】 未著録
【分類】 出二
【釋文】 ……夕……雨。

305（7-525）

【材質】 左背甲，長4.1、寬1.6、厚0.5釐米，重2.1克
【著録】 《合集》26747
【分類】 出二
【釋文】 戊戌卜，肩貞：今夕凶言王。

306（7-95）

【材質】 龜腹甲，長2.2、寬1.9、厚0.5釐米，重0.9克

【著録】　未著録
【分類】　出二
【釋文】　丙申［卜］，□貞：今［夕］［囚］言［王］。

307（7-272）

【材質】　龜腹甲、左後甲，長4.0、寬3.3、厚0.4釐米，重3.7克
【著録】　未著録
【分類】　出二
【釋文】　（1）貞：其以災。四月。
　　　　　（2）癸……于……

308（7-307）

【材質】　龜腹甲、右尾甲，長3.6、寬3.5、厚0.6釐米，重4.7克
【著録】　未著録
【分類】　出二
【釋文】　□□［卜］，□貞：子……蛊（害）亡……

309（7-239）

【材質】　左胛骨，長4.8、寬2.9、厚0.5釐米，重5.9克
【著録】　《合集》23768
【分類】　出二
【釋文】　（1）戊寅卜貞：王出亡囧（憂）。〖一〗
　　　　　（2）……■……〖二〗

310（7-513）

【材質】　龜腹甲、左後甲，長2.1、寬1.9、厚0.3釐米，重0.9克
【著録】　《合集》24208，《前》5.40.7
【分類】　出二
【釋文】　□辰卜貞：□夕亡□戁（艱）。

311（7-580）

【材質】　龜腹甲、右前甲，長2.2、寬1.6、厚0.2釐米，重0.6克
【著録】　未著録
【分類】　出二

【釋文】　……自南……艱（艱）。

312（7-517）

【材質】　龜腹甲、左甲橋，長3.1、寬2.4、厚0.5釐米，重1.8克
【著錄】　《合集》26805
【分類】　出二
【釋文】　丙戌卜，㩵貞：今夕亡□。

313（7-163）

【材質】　左背甲，長2.6、寬1.7、厚0.3釐米，重1.0克
【著錄】　未著錄
【分類】　出二
【釋文】　辛卯卜，□貞：今……〖二〗

314（7-320）

【材質】　左背甲，長3.2、寬2.3、厚0.3釐米，重1.7克
【著錄】　未著錄
【分類】　出二
【釋文】　□□卜……今夕……困（憂）。

315（7-638）

【材質】　右背甲，長2.3、寬1.8、厚0.5釐米，重1.1克
【著錄】　未著錄
【分類】　出二
【釋文】　□□〔卜〕，□貞：……夕……亡……〖一〗

316（7-622）

【材質】　龜腹甲、右前甲，長1.4、寬1.3、厚0.4釐米，重0.5克
【著錄】　未著錄
【分類】　出二
【釋文】　……今夕……

317（7-628）

【材質】 左背甲，長1.9、寬1.1、厚0.5釐米，重0.2克
【著録】 未著録
【分類】 出二
【釋文】 ……今夕……

318（7-289）

【材質】 龜腹甲、右後甲，長3.8、寬2.7、厚0.3釐米，重2.4克
【著録】 未著録
【分類】 出二
【釋文】 （1）□午卜：〔王〕。
　　　　（2）庚□〔卜〕：王。〖七〗

319（7-165）

【材質】 龜腹甲、左後甲，長2.7、寬2.2、厚0.7釐米，重2.9克
【著録】 未著録
【分類】 出二
【釋文】 （1）□□〔卜〕：王。
　　　　（2）己酉〔卜〕：王。

320（7-175）

【材質】 龜腹甲、右前甲，長2.5、寬2.4、厚0.5釐米，重1.8克
【著録】 未著録
【分類】 出二
【釋文】 □卯卜：王。

321（7-183）

【材質】 龜腹甲、左前甲，長3.7、寬2.9、厚0.5釐米，重2.8克
【著録】 未著録
【分類】 出二
【釋文】 （1）□□卜：〔王〕。
　　　　（2）壬□〔卜〕：王。

322（7-200）

【材質】 龜腹甲、左後甲，長3.5、寬3.0、厚0.4釐米，重1.7克
【著録】 未著録
【分類】 出二
【釋文】 辛□［卜］：王。

323（7-261）

【材質】 龜腹甲、右後甲，長3.9、寬2.0、厚1.0釐米，重3.0克
【著録】 未著録
【分類】 出二
【釋文】 （1）□酉［卜］：王。
　　　　（2）甲辰卜：［王］。

324（7-269）

【材質】 龜腹甲、左後甲，長2.6、寬2.4、厚0.6釐米，重2.6克
【著録】 未著録
【分類】 出二
【釋文】 （1）□寅卜：［王］。
　　　　（2）庚□［卜］：王。〖四〗

325（7-292）

【材質】 龜腹甲、右後甲，長3.5、寬2.9、厚0.7釐米，重3.1克
【著録】 未著録
【分類】 出二
【釋文】 己巳卜：王。

326（7-293）

【材質】 龜腹甲、右後甲，長3.2、寬2.4、厚0.3釐米，重1.4克
【著録】 未著録
【分類】 出二
【釋文】 己卯卜：王。

327（7-306）

【材質】 龜腹甲、右前甲，長2.6、寬2.6、厚0.5釐米，重2.2克
【著録】 未著録
【分類】 出二
【釋文】 庚申［卜］：王。〖七〗

328（7-312）

【材質】 龜腹甲、左尾甲，長3.0、寬2.1、厚0.4釐米，重2.0克
【著録】 未著録
【分類】 出二
【釋文】 □子卜：王。

329（7-328）

【材質】 龜腹甲、右後甲，長4.2、寬2.5、厚0.7釐米，重4.7克
【著録】 未著録
【分類】 出二
【釋文】 （1）庚寅卜：［王］。
　　　　 （2）庚寅［卜］：王。〖三〗

330（7-260）

【材質】 右背甲，長3.1、寬2.1、厚0.3釐米，重1.4克
【著録】 未著録
【分類】 出二
【釋文】 貞：⋯⋯■⋯⋯

331（7-276）

【材質】 龜腹甲、右後甲，長2.9、寬2.0、厚0.5釐米，重1.4克
【著録】 未著録
【分類】 出二
【釋文】 丁未⋯⋯

332（7-625）

【材質】 龜腹甲，長1.4、寬1.4、厚0.5釐米，重0.5克

【著録】 未著録
【分類】 出二
【釋文】 貞：……

333（7-634）

【材質】 左背甲，長2.3、寬1.8、厚0.4釐米，重1.2克
【著録】 未著録
【分類】 出二
【釋文】 貞：……■……

334（7-653）

【材質】 龜腹甲、左後甲，長1.3、寬1.1、厚0.3釐米，重0.3克
【著録】 未著録
【分類】 出二
【釋文】 ……弗其……

335（7-654）

【材質】 龜腹甲，長1.5、寬1.5、厚0.4釐米，重0.5克
【著録】 未著録
【分類】 出二
【釋文】 ……㣟（延）……

336（7-647）

【材質】 龜腹甲，長1.9、寬1.8、厚0.3釐米，重1.0克
【著録】 未著録
【分類】 出二
【釋文】 〖六〗

337（7-147）

【材質】 左背甲，長2.5、寬1.7、厚0.5釐米，重1.3克
【著録】 未著録
【分類】 何一
【釋文】 （1）……■……㕣（夙）……
（2）癸酉［卜］，□貞：王㕣（夙）祼，不□□。

338（7-222）

【材質】　左背甲，長2.2、寬1.3、厚0.3釐米，重0.8克
【著録】　未著録
【分類】　何一?
【釋文】　（1）貞：王……叙……
　　　　　（2）……丑、丙……
　　　　　（3）……亥、丙……

339（7-296）

【材質】　龜腹甲、右後甲，長2.8、寬1.9、厚0.6釐米，重1.9克
【著録】　未著録
【分類】　何一
【釋文】　（1）□□［卜］，□貞：……亡災。
　　　　　（2）甲□［卜］，□貞：……田……〖一〗
【解説】　"甲"字刻寫不準確。

340（7-84）

【材質】　左背甲，長3.7、寬1.7、厚0.5釐米，重1.9克
【著録】　未著録
【分類】　何一
【釋文】　□□［卜］，何貞：叀（惠）雨。

341（7-122）

【材質】　右背甲，長2.9、寬1.7、厚0.4釐米，重1.2克
【著録】　未著録
【分類】　何一
【釋文】　庚寅卜，何貞：叀（惠）吉。

342（7-226）

【材質】　右背甲，長2.2、寬1.6、厚0.4釐米，重1.2克
【著録】　未著録
【分類】　何一
【釋文】　□■卜，隻［貞］：［今］夕亡囚（憂）。

343（7-157）

【材質】　右背甲，長1.7、寬1.2、厚0.4釐米，重0.7克
【著録】　未著録
【分類】　何一
【釋文】　庚□［卜］，叩［貞］：［今］夕［亡］囚（憂）。〖一〗

344（7-161）

【材質】　龜腹甲、右後甲，長3.0、寬2.6、厚0.3釐米，重2.3克
【著録】　未著録
【分類】　何一
【釋文】　(1)□□卜，叩［貞］：［今］夕［亡］囚（憂）。
　　　　　(2)癸□［卜］，□貞：……

345（7-119）

【材質】　龜腹甲、左前甲，長2.9、寬2.8、厚0.4釐米，重1.9克
【著録】　未著録
【分類】　何一
【釋文】　(1)□卯卜，彭［貞］：□□亡囚（憂）。
　　　　　(2)癸亥［卜］，□貞：……

346（7-72）

【材質】　右背甲，長3.3、寬2.7、厚0.2釐米，重2.6克
【著録】　未著録
【分類】　何二
【釋文】　□□卜，彭［貞］：［今］夕亡囚（憂）。

347（7-515）

【材質】　龜腹甲、右前甲，長2.2、寬1.8、厚0.3釐米，重1.4克
【著録】　未著録
【分類】　何二
【釋文】　(1)□□［卜］，彭［貞］：［今］夕亡……
　　　　　(2)……才（在）十月。

348（7-98）

【材質】 龜腹甲，長2.4、寬1.9、厚0.3釐米，重0.8克
【著録】 未著録
【分類】 何二
【釋文】 （1）□□卜，□貞：［今］夕［亡］又（吝）。
（2）甲辰［卜］，員［貞］：今［夕］亡［又（吝）］。

349（7-252）

【材質】 左胛骨，長4.7、寬1.8、厚0.4釐米，重4.8克
【著録】 未著録
【分類】 無一？
【釋文】 （1）癸卯貞：旬亡囚（憂）。
（2）癸丑貞：旬□囚（憂）。

350（7-554）

【材質】 左胛骨，長4.5、寬2.6、厚0.5釐米，重6.4克
【著録】《合集》28251
【分類】 無二
【釋文】 （1）……五■……
（2）□子卜：其桒（禱）年，于夓祝。

351（7-549）

【材質】 右胛骨，長11.4、寬1.7、厚0.4釐米，重12.4克
【著録】《合集》29185，《佚》951
【分類】 無二
【釋文】 （1）叀（惠）□，弗每，亡𢦏（災），𦥑（侃）王，毕（擒）……
（2）叀（惠）宮省，弗每，亡𢦏（災），𦥑（侃）王。大吉。
（3）……每……

352（7-558）

【材質】 左胛骨，長17.8、寬2.0、厚0.4釐米，重32.6克
【著録】《合集》33486
【分類】 無二
【釋文】 （1）戊申卜［貞］：……

（2）辛亥卜貞：王其田，亡戋（災）。

（3）戊午卜貞：王其田，亡戋（災）。

（4）辛酉卜貞：王其田，亡戋（災）。

（5）戊辰卜貞：王其田，亡戋（災）。

（6）辛未卜貞：王其田，亡戋（災）。

353（7-618）

【材質】　左胛骨，長6.8、寬4.8、厚0.5釐米，重10.7克
【著錄】　《合集》41681，《續存》下861
【分類】　無二
【釋文】　□□卜：翌（翌）日戊……■……大吉。

354（7-146）

【材質】　龜腹甲、左前甲，長1.9、寬1.4、厚0.3釐米，重0.5克
【著錄】　未著錄
【分類】　黃組
【釋文】　□□卜貞：……上囿（甲）……

355（7-7）

【材質】　龜腹甲、右後甲，長2.4、寬2.3、厚0.3釐米，重1.4克
【著錄】　未著錄
【分類】　黃組
【釋文】　（1）□寅卜貞：……祖乙升……其牢……一。
　　　　　（2）〖一〗
　　　　　（3）叀□，茲□。
　　　　　（4）■……

356（7-15）

【材質】　左背甲，長2.6、寬2.2、厚0.6釐米，重1.5克
【著錄】　未著錄
【分類】　黃組
【釋文】　□□卜貞：王……羌甲……又（告）。

357（7-602）

【材質】　左胛骨，長9.3、寬4.7、厚0.5釐米，重25.0克
【著録】　《合集》35528
【分類】　黃組
【釋文】　□□王卜貞：旬亡㕈（憂）。王囧（占）曰……才（在）十月，甲寅祭大甲啓
　　　　　上囲（甲）。

358（7-563）

【材質】　左胛骨，長10.5、寬2.2、厚0.4釐米，重15.0克
【著録】　《合集》35530
【分類】　黃組
【釋文】　（1）癸未［王］［卜］貞：旬［亡］［㕈（憂）］。王囧（占）曰：［吉］。才（在）
　　　　　十二月，甲……上囲（甲）工……〖一〗
　　　　　（2）癸巳王卜貞：旬亡㕈（憂）。王囧（占）曰：吉。才（在）十月又二，甲
　　　　　午啓日上囲（甲）祭大甲。〖一〗
　　　　　（3）癸卯王卜貞：旬亡㕈（憂）。王囧（占）曰：吉。才（在）十月又二，甲
　　　　　辰酓（龡）大甲祭小甲。〖一〗
　　　　　（4）癸丑王卜貞：旬亡㕈（憂）。王囧（占）曰：吉。才（在）正月，甲寅啓大
　　　　　甲酓（龡）小甲。〖一〗
　　　　　（5）［癸］亥王卜貞：［旬］亡㕈（憂）。王囧（占）［曰］：［吉］。才（在）正
　　　　　月，甲［子］祭𣊟甲啓□□。

359（7-530）

【材質】　龜腹甲、右前甲，長2.2、寬1.4、厚0.3釐米，重0.7克
【著録】　未著録
【分類】　黃組
【釋文】　乙未卜［貞］：［王］窀（賓）莽（禱）……于武乙……

360（7-343）

【材質】　龜腹甲，長2.5、寬1.8、厚0.5釐米，重1.3克
【著録】　未著録
【分類】　黃組
【釋文】　（1）□寅卜［貞］：［王］［窀（賓）］康□□□其牢。
　　　　　（2）〖一〗
　　　　　（3）甲寅［卜］［貞］：［王］窀（賓）武乙□其［牢］。〖一〗

411

361（7-193）

【材質】　左背甲，長2.8、寬2.8、厚0.5釐米，重1.6克
【著録】　未著録
【分類】　黄組
【釋文】　乙巳卜貞：〔王〕宎（賓）武□□□□。

362（7-545）

【材質】　胛骨，長6.6、寬4.5、厚0.4釐米，重8.1克
【著録】　《合集》36179，《前》4.38.2
【分類】　黄組
【釋文】　□□卜貞：王其宜文武……

363（7-526）

【材質】　龜腹甲，長2.7、寬1.8、厚0.4釐米，重1.2克
【著録】　《合集》38705
【分類】　黄組
【釋文】　（1）□□卜貞：……武……歲……■……
　　　　　（2）貞：王□監，亡□。

364（7-142）

【材質】　龜腹甲、右後甲，長2.2、寬1.9、厚0.4釐米，重1.1克
【著録】　未著録
【分類】　黄組
【釋文】　（1）□子卜貞：……升……牢……■……
　　　　　（2）甲申……武……其牢……

365（7-633）

【材質】　龜腹甲、左前甲，長1.9、寬1.8、厚0.4釐米，重0.9克
【著録】　未著録
【分類】　黄組
【釋文】　□□卜，永……旬……才（在）六月……工〔冊〕（冊）……

366（7-121）

【材質】 龜腹甲、右後甲，長2.9、寬1.8、厚0.5釐米，重1.1克
【著録】 未著録
【分類】 黄組
【釋文】 ……旬［亡］畎（憂）……十一月……戌……冓（册）其妹……

367（7-58）

【材質】 右背甲，長3.0、寬2.8、厚0.5釐米，重3.1克
【著録】《合集》38333
【分類】 黄組
【釋文】 貞：王宊（賓）叔，亡叉（吝）。

368（7-100）

【材質】 左背甲，長2.4、寬2.3、厚0.3釐米，重1.3克
【著録】 未著録
【分類】 黄組
【釋文】 (1)……日……叉（吝）。
(2)……亡叉（吝）。
(3)貞：王宊（賓）叔，亡叉（吝）。

369（7-179）

【材質】 右背甲，長2.8、寬2.5、厚0.5釐米，重1.7克
【著録】 未著録
【分類】 黄組
【釋文】 貞：王宊（賓）叔，亡叉（吝）。

370（7-205）

【材質】 右背甲，長3.5、寬2.0、厚0.6釐米，重3.3克
【著録】 未著録
【分類】 黄組
【釋文】 (1)貞：王宊（賓）叔，亡叉（吝）。
(2)■……

371（7-280）

【材質】　左背甲，長3.2、寬2.9、厚0.2釐米，重2.6克
【著録】　未著録
【分類】　黃組
【釋文】　貞：王宕（賓）叔，亡又（咎）。

372（7-333）

【材質】　左背甲，長3.1、寬2.4、厚0.4釐米，重1.8克
【著録】　未著録
【分類】　黃組
【釋文】　貞：王宕（賓）叔，亡又（咎）。

373（7-59）

【材質】　右背甲，長4.2、寬1.8、厚0.3釐米，重2.3克
【著録】　未著録
【分類】　黃組
【釋文】　(1)貞：王［宕（賓）］叔，［亡］［又（咎）］。
　　　　　(2)庚申［卜］［貞］：王宕（賓）□，亡［又（咎）］。

374（7-215）

【材質】　右背甲，長2.5、寬2.0、厚0.2釐米，重1.0克
【著録】　未著録
【分類】　黃組
【釋文】　(1)［貞］：［王］宕（賓）□，亡又（咎）。
　　　　　(2)貞：王宕（賓）叔，［亡］［又（咎）］。

375（7-330）

【材質】　龜腹甲、右後甲，長3.1、寬3.0、厚0.2釐米，重1.7克
【著録】　未著録
【分類】　黃組
【釋文】　貞：王［宕（賓）］叔，［亡］［又（咎）］。

376 （7-338）

【材質】 左背甲，長2.7、寬2.5、厚0.3釐米，重1.3克
【著録】 未著録
【分類】 黃組
【釋文】 貞：王［宓（賓）］叔，［亡］［又（㞢）］。

377 （7-573）

【材質】 右背甲，長1.8、寬1.2、厚0.2釐米，重0.4克
【著録】 未著録
【分類】 黃組
【釋文】 貞：王［宓（賓）］叔，［亡］［又（㞢）］。

378 （7-8）

【材質】 右背甲，長2.9、寬1.9、厚1.3釐米，重1.5克
【著録】 未著録
【分類】 黃組
【釋文】 （1）貞：王［宓（賓）］叔，［亡］［又（㞢）］。
　　　　（2）……丙寅……
　　　　（3）……癸巳……
【解説】 第（3）辭乃倒刻的干支，爲習刻。

379 （7-626）

【材質】 右背甲，長1.8、寬1.7、厚0.3釐米，重0.5克
【著録】 未著録
【分類】 黃組
【釋文】 ［貞］：王［宓（賓）］叔，［亡］［又（㞢）］。

380 （7-595）

【材質】 龜腹甲，長4.1、寬2.3、厚0.7釐米，重4.1克
【著録】 〈《合集》35373＝《前》4.3.6
【分類】 黃組
【釋文】 （1）丁卯卜貞：王宓（賓）伐，亡又（㞢）。
　　　　（2）辛未卜貞：王宓（賓）伐，亡又（㞢）。

【解説】

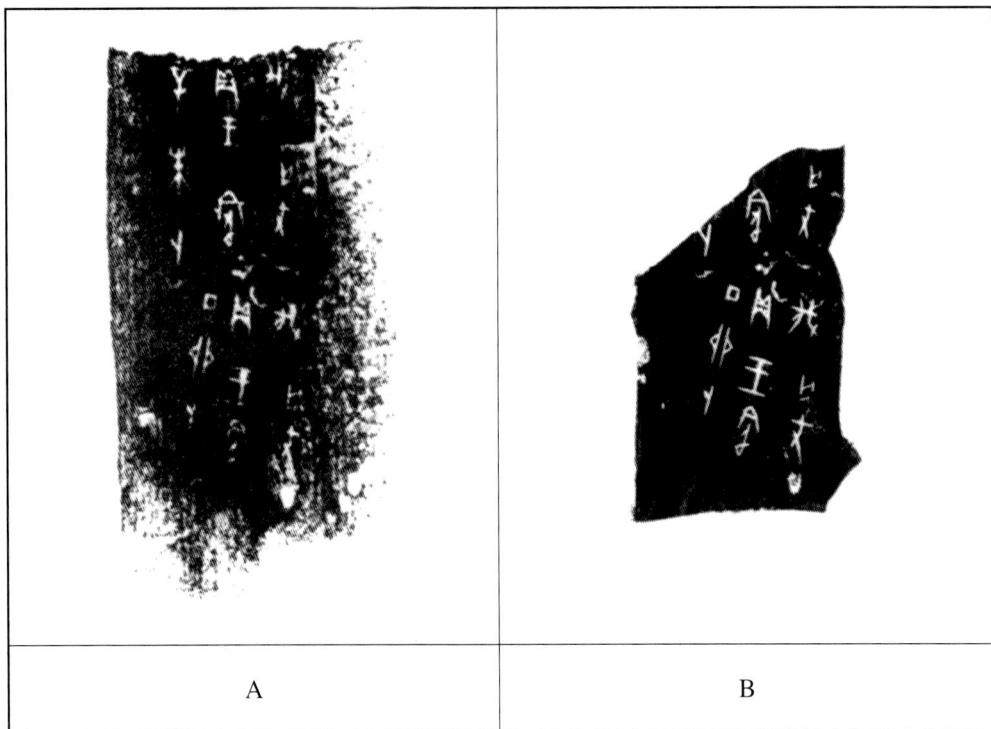

| A | B |

圖四

此版甲骨即《前》4.3.6＝《合集》35373（圖四A），但由於甲骨斷裂，現存甲骨實物拓片（圖四B）與《前》所録拓片相比，殘去上部一些文字。故我們釋文以《前》所録拓片爲準。

381（7-118）

【材質】 右背甲，長4.2、寬3.2、厚0.3釐米，重3.5克
【著録】 《合集》38495
【分類】 黃組
【釋文】 （1）甲戌卜貞：王窀（賓）歲，亡又（咎）。
　　　　（2）貞：王窀（賓）叙，亡又（咎）。

382（7-105）

【材質】 右背甲，長2.5、寬2.3、厚0.3釐米，重1.1克
【著録】 未著録
【分類】 黃組
【釋文】 丁酉卜貞：王窀（賓）歲，［亡］又（咎）。

383（7-249）

【材質】 左背甲，長3.0、寬2.5、厚0.6釐米，重2.4克

【著録】　未著録
【分類】　黄組
【釋文】　(1) 丙辰卜：王窞（賓）歲，[亡] 又（祐）。
　　　　　(2) □□ [卜]：王窞（賓）□，亡 [又（祐）]。

384（7-254）

【材質】　左背甲，長2.7、寬2.2、厚0.3釐米，重1.8克
【著録】　未著録
【分類】　黄組
【釋文】　丙辰卜貞：王窞（賓）歲，亡又（祐）。

385（7-587）

【材質】　右背甲，長3.4、寬3.0、厚0.6釐米，重3.8克
【著録】　《合集》39475，《後》下15.6
【分類】　黄組
【釋文】　(1) □□ [卜] 貞：……
　　　　　(2) ……𤔄，坐（往）……
　　　　　(3) 癸亥卜貞：王窞（賓）歲，亡又（祐）。
【解説】　此版甲骨《合集來源表》將館藏號誤爲7-589。𤔄乃𤔅之異體。

386（7-331）

【材質】　右背甲，長3.5、寬1.8、厚0.4釐米，重2.3克
【著録】　未著録
【分類】　黄組
【釋文】　(1) ……又（祐）。
　　　　　(2) □□卜貞：[王] [窞（賓）] 歲，亡又（祐）。

387（7-61）

【材質】　右背甲，長2.9、寬1.8、厚0.4釐米，重1.5克
【著録】　未著録
【分類】　黄組
【釋文】　(1) □□卜貞：王 [窞（賓）] 歲，亡 [又（祐）]。
　　　　　(2) ……己巳，庚……
　　　　　(3) ……己卯，庚……

388（7-288）

【材質】 右背甲，長2.2、寬2.2、厚0.5釐米，重1.6克
【著録】 未著録
【分類】 黄組
【釋文】 乙卯……王窝（賓）……盅（鰍）……

389（7-14）

【材質】 右胛骨，長2.3、寬1.0、厚0.4釐米，重0.7克
【著録】 未著録
【分類】 黄組
【釋文】（1）癸卯……■祭?……〖一〗
　　　　（2）……貞……

390（7-40）

【材質】 龜腹甲、右前甲，長1.9、寬1.5、厚0.3釐米，重0.6克
【著録】 未著録
【分類】 黄組
【釋文】 □□卜貞：[王] 窝（賓）奉（禱），[亡] 又（咎）。

391（7-89）

【材質】 龜腹甲，長3.3、寬2.0、厚0.4釐米，重1.3克
【著録】 未著録
【分類】 黄組
【釋文】（1）[貞]：王窝（賓）□，亡又（咎）。
　　　　（2）貞：[王][窝（賓）] 祼，[亡][又（咎）]。

392（7-141）

【材質】 左背甲，長2.4、寬1.8、厚0.3釐米，重1.2克
【著録】 未著録
【分類】 黄組
【釋文】 □□卜貞：王……翼……

393（7-268）

【材質】 左背甲，長3.0、寬2.2、厚0.3釐米，重1.2克
【著録】 未著録
【分類】 黄組
【釋文】 （1）……又（侑）。
（2）貞：王窋（賓）□，亡又（侑）。

394（7-271）

【材質】 右背甲，長2.8、寬2.0、厚0.4釐米，重1.9克
【著録】 未著録
【分類】 黄組
【釋文】 ［貞］：王窋（賓）□，亡又（侑）。

395（7-191）

【材質】 左背甲，長4.0、寬2.3、厚0.3釐米，重2.2克
【著録】 未著録
【分類】 黄組
【釋文】 （1）□□卜貞：王［窋（賓）］□，亡又（侑）。
（2）□□［卜］［貞］：王窋（賓）□，亡又（侑）。
（3）□酉卜貞：……

396（7-298）

【材質】 右背甲，長2.1、寬2.1、厚0.4釐米，重1.7克
【著録】 未著録
【分類】 黄組
【釋文】 ……王窋（賓）……夕……

397（7-227）

【材質】 左背甲，長2.3、寬2.0、厚0.3釐米，重1.1克
【著録】 未著録
【分類】 黄組
【釋文】 己卯卜［貞］：王窋（賓）……

398（7-125）

　　【材質】　龜腹甲，長1.8、寬1.7、厚0.3釐米，重0.8克
　　【著錄】　未著錄
　　【分類】　黄組
　　【釋文】　乙酉［卜］［貞］：王宨（賓）□，亡□。

399（7-285）

　　【材質】　左背甲，長2.7、寬2.5、厚0.4釐米，重1.4克
　　【著錄】　未著錄
　　【分類】　黄組
　　【釋文】　□丑卜貞：王……■……

400（7-620）

　　【材質】　龜腹甲，長1.3、寬1.2、厚0.2釐米，重0.3克
　　【著錄】　未著錄
　　【分類】　黄組
　　【釋文】　……宨（賓）……

401（7-43）

　　【材質】　左背甲，長1.8、寬1.4、厚0.3釐米，重0.7克
　　【著錄】　未著錄
　　【分類】　黄組
　　【釋文】　……亡又（咎）。

402（7-649）

　　【材質】　龜腹甲、右後甲，長2.4、寬2.3、厚0.4釐米，重1.2克
　　【著錄】　未著錄
　　【分類】　黄組
　　【釋文】　……■……亡又（咎）。

403（7-73）

　　【材質】　龜腹甲、左前甲，長4.1、寬2.2、厚0.3釐米，重3.2克
　　【著錄】　《合集》37164

【分類】　黄組
【釋文】　（1）……又一……
　　　　　（2）其牛又一牢，兹用。〖二〗

404（7-114）

【材質】　龜腹甲、左後甲，長4.2、寬1.7、厚0.5釐米，重2.0克
【著録】　未著録
【分類】　黄組
【釋文】　（1）其牢又一牛。
　　　　　（2）其牢又一［牛］。〖二〗

405（7-303）

【材質】　龜腹甲、左前甲，長2.8、寬1.7、厚0.3釐米，重1.4克
【著録】　未著録
【分類】　黄組
【釋文】　（1）［其］牢又一牛。
　　　　　（2）［其］［牢］又一牛。

406（7-321）

【材質】　龜腹甲、左後甲，長2.9、寬2.5、厚0.5釐米，重2.7克
【著録】　未著録
【分類】　黄組
【釋文】　（1）其牢又一牛。〖二〗
　　　　　（2）叀（惠）……〖二〗

407（7-641）

【材質】　龜腹甲、左前甲，長2.2、寬1.7、厚0.5釐米，重1.2克
【著録】　《合集》41796，《續存》下908
【分類】　黄組
【釋文】　［其］牢［又］一牛。

408（7-29）

【材質】　龜腹甲，長2.4、寬1.8、厚0.4釐米，重1.3克
【著録】　未著録

【分類】 黃組
【釋文】 (1)［其］牢［又］一牛，［兹］［用］。
　　　　 (2)其［牢］又［一］［牛］，兹［用］。

409（7-106）

【材質】 龜腹甲，長2.5、寬1.7、厚0.6釐米，重1.1克
【著録】 未著録
【分類】 黃組
【釋文】 (1)［其］牢［又］一牛。
　　　　 (2)其牢……牢……〖二〗

410（7-221）

【材質】 龜腹甲，長2.2、寬1.8、厚0.4釐米，重1.3克
【著録】 未著録
【分類】 黃組
【釋文】 (1)［其］牢［又］［一］牛。
　　　　 (2)〖二〗
　　　　 (3)其［牢］又［一］［牛］。〖二〗

411（7-41）

【材質】 龜腹甲、右後甲，長2.0、寬1.6、厚0.4釐米，重0.8克
【著録】 未著録
【分類】 黃組
【釋文】 (1)□□卜……黃牛……受……
　　　　 (2)更（惠）……〖二〗

412（7-115）

【材質】 龜腹甲，長2.5、寬2.1、厚0.5釐米，重1.1克
【著録】 未著録
【分類】 黃組
【釋文】 (1)……犁（物牛）……
　　　　 (2)〖二〗
　　　　 (3)其……兹……〖二〗

413（7-112）

【材質】　龜腹甲、中甲，長4.0、寬3.2、厚0.6釐米，重3.8克
【著録】　未著録
【分類】　黄組
【釋文】　(1) 叀（惠）……〖一〗
　　　　　(2) 叀（惠）犁（物牛）……〖二〗

414（7-137）

【材質】　龜腹甲、右後甲，長1.8、寬1.8、厚0.3釐米，重0.7克
【著録】　未著録
【分類】　黄組
【釋文】　(1) [叀（惠）] 羍（騂牛）……
　　　　　(2) 叀（惠）……〖一〗

415（7-232）

【材質】　龜腹甲、左尾甲，長4.6、寬2.7、厚0.4釐米，重3.1克
【著録】　未著録
【分類】　黄組
【釋文】　[叀（惠）] 犁（物牛），[兹] 用。

416（7-177）

【材質】　龜腹甲、左後甲，長3.4、寬2.9、厚0.6釐米，重2.7克
【著録】　未著録
【分類】　黄組
【釋文】　(1) 叀（惠）小宰。
　　　　　(2)〖二〗

417（7-596）

【材質】　右胛骨，長7.8、寬2.1、厚0.6釐米，重10.0克
【著録】　《合集》37285
【分類】　黄組
【釋文】　(1) 叀（惠）……〖二〗
　　　　　(2) 其一牛。〖一〗
　　　　　(3) 其二牛。〖二〗

（4）［其］三牛。

418（7-154）

【材質】 龜腹甲，長1.9、寬1.8、厚0.3釐米，重0.9克
【著録】 未著録
【分類】 黄組
【釋文】 （1）……改。
　　　　 （2）叀（惠）……〖二〗
　　　　 （3）〖二〗

419（7-46）

【材質】 龜腹甲，長1.9、寬1.6、厚0.5釐米，重0.7克
【著録】 未著録
【分類】 黄組
【釋文】 叀（惠）……

420（7-311）

【材質】 左背甲，長2.7、寬2.7、厚0.4釐米，重2.1克
【著録】 未著録
【分類】 黄組
【釋文】 正：（1）■用。
　　　　 　　（2）兹……
　　　　 反：……龜？二。

421（7-535）

【材質】 左胛骨，長8.4、寬4.2、厚0.4釐米，重15.9克
【著録】 《合集》37852，《吉大選》3
【分類】 黄組
【釋文】 □亥王［卜］［貞］：自今萅（春）至今翼人方不大出。王凹（占）曰："引吉。"
　　　　 才（在）二月遘祖乙彡。隹（唯）九祀。

422（7-571）

【材質】 右胛骨，長9.6、寬1.9、厚0.4釐米，重8.2克
【著録】 《合集》37428

【分類】 黃組

【釋文】 （1）壬午卜貞：……🀀阤……

（2）乙酉卜貞：王田曹，生（往）來亡災。王囚（占）曰：吉。〖一〗

（3）戊子卜貞：王田曹，生（往）來亡災。吉。

（4）辛卯卜貞：王田盂，生（往）來亡災。王囚（占）曰：吉。兹卬（孚），隻（獲）鹿□。

（5）□□卜貞：……■，生（往）□□災。王□□□兹卬（孚），□鹿二。

【解説】 第（1）辭中的🀀字以往各種工具書多闕釋，① 此字異體作🀀（《合集》28335）、🀀（《合集》37891）、🀀（《花東》332+534）、🀀（《集成》2594）。在甲骨、金文用作田獵動詞。② 此版甲骨可與《合集》37784相綴，③ 綴合後第（5）辭及新增卜辭爲：

（5）壬辰卜貞：王田■，生（往）來亡災。王囚（占）曰：吉。兹卬（孚），隻（獲）鹿二。

（6）丁酉卜貞：王田阤，生（往）來亡災。王囚（占）曰：吉。

423（7-578）

【材質】 左胛骨，長7.4、寬1.8、厚0.4釐米，重7.5克

【著錄】 《合集》37599

【分類】 黃組

【釋文】 （1）戊□［王］［卜］貞：［田］□，［生（往）］來［亡］［災］。王［囚（占）］［曰］：［吉］。

（2）辛酉王卜貞：田宮，生（往）來亡災。王囚（占）曰：吉。

（3）壬戌王卜貞：田宮，生（往）來亡災。王囚（占）曰：吉。

（4）乙丑王卜貞：田曹，生（往）來亡災。王囚（占）曰：吉。兹卬（孚）。

【解説】 此版甲骨可與《合集》37747相綴，④ 綴合後新增卜辭爲：

（5）丁卯王卜貞：田甗，生（往）來亡災。王囚（占）曰：吉。兹卬（孚）。

424（7-145）

【材質】 龜腹甲，長1.9、寬1.6、厚0.4釐米，重0.9克

【著錄】 未著錄

【分類】 黃組

【釋文】 □子卜貞：……🀀，生（往）［來］亡災。……鹿二。

---

① 如《合集釋文》、《摹釋總集》（第854頁）、《校釋總集》（第4163頁）等。
② 相關字形的討論可參看孫亞冰：《讀書劄記一則》，先秦史研究室網站2012-7-5，http://www.xianqin.org/blog/archives/2729.html。
③ 門藝：《殷墟黃組甲骨刻辭的整理與研究》第58組，鄭州大學博士學位論文，2008年，第288頁。
④ 門藝：《殷墟黃組甲骨刻辭的整理與研究》第63組，第289頁。

425（7-644）

【材質】　龜腹甲，長2.1、寬1.9、厚0.5釐米，重1.0克
【著録】　未著録
【分類】　黄組
【釋文】　……兹□，隻（獲）豕二。

426（7-304）

【材質】　龜腹甲、左後甲，長2.9、寬1.5、厚0.5釐米，重1.3克
【著録】　未著録
【分類】　黄組
【釋文】　（1）〖二〗
　　　　　（2）叀（惠）……𢦏（擒）……〖二〗
　　　　　（3）其■……大……

427（7-290）

【材質】　龜腹甲、右尾甲，長4.4、寬3.2、厚0.3釐米，重3.0克
【著録】　未著録
【分類】　黄組
【釋文】　□□卜……田……亡災……

428（7-35）

【材質】　龜腹甲、右前甲，長1.7、寬1.5、厚0.3釐米，重0.7克
【著録】　未著録
【分類】　黄組
【釋文】　□□王卜貞：……生（往）來……王𡆥（占）曰……

429（7-126）

【材質】　龜腹甲、右前甲，長1.9、寬1.8、厚0.4釐米，重0.9克
【著録】　未著録
【分類】　黄組
【釋文】　□申王卜貞：……生（往）來亡［災］。［王］𡆥（占）曰：吉。

430（7-166）

【材質】　龜腹甲、左後甲，長2.2、寬1.7、厚0.3釐米，重0.6克
【著録】　未著録
【分類】　黃組
【釋文】　（1）辛丑［卜］，□貞：王［生（往）］來亡［災］。
　　　　　（2）□卯卜，□［貞］：王［生（往）］［來］亡災。

431（7-150）

【材質】　左背甲，長2.2、寬1.6、厚0.4釐米，重0.6克
【著録】　未著録
【分類】　黃組
【釋文】　乙卯……王𤔲……亡……〖一〗

432（7-567）

【材質】　右胛骨，長10.4、寬1.6、厚0.4釐米，重10.6克
【著録】　《合集》36654
【分類】　黃組

【釋文】　（1）己卯……于𧊒（召）……
　　　　　（2）辛巳卜貞：王𤔲𧊒，生（往）來亡災。
　　　　　（3）乙酉卜貞：王𤔲于𧊒（召），生（往）來亡災。〖一〗
　　　　　（4）戊子卜貞：王𤔲于𧊒（召），生（往）來亡災。〖一〗
【解説】　此版甲骨可與《合集》36724綴合，①綴合後第（1）辭可補足作：“己卯卜貞：
　　　　　王𤔲于𧊒（召），生（往）來亡災。”

433（7-623）

【材質】　龜腹甲，長1.4、寬1.4、厚0.4釐米，重0.5克
【著録】　未著録
【分類】　黃組
【釋文】　戊□［卜］貞：王……亡災……

434（7-569）

【材質】　左背甲，長3.8、寬3.4、厚0.5釐米，重3.2克

---

① 門藝：《殷墟黃組甲骨刻辭的整理與研究》第69組，第291頁。

【著録】《合集》38144

【分類】黃組

【釋文】戊戌今日不雨。

435（7-603）

【材質】右胛骨，長9.6、寬1.3、厚0.5釐米，重5.7克

【著録】《合集》38197

【分類】黃組

【釋文】（1）辛巳［卜］［貞］：今日霢。〖一〗

（2）妹霢。〖二〗

（3）戊□卜貞：今日不雨。

（4）其雨。

（5）□申卜貞：［今］［日］不雨。

436（7-537）

【材質】右背甲，長3.5、寬3.1、厚0.4釐米，重3.9克

【著録】《合集》38203

【分類】黃組

【釋文】妹其霢。

437（7-128）

【材質】左背甲，長2.1、寬2.0、厚0.4釐米，重1.4克

【著録】未著録

【分類】黃組

【釋文】妹霢。〖二〗

438（7-575）

【材質】右胛骨，長14.4、寬2.6、厚0.4釐米，重15.9克

【著録】《合集》38992

【分類】黃組

【釋文】（1）癸酉卜貞：王旬亡畎（憂）。〖二〗

（2）癸未卜貞：王旬亡畎（憂）。〖二〗

（3）癸巳卜貞：王旬亡畎（憂）。

（4）癸卯卜貞：王旬亡畎（憂）。〖二〗

439（7-599）

【材質】 右胛骨，長9.4、寬1.7、厚0.4釐米，重9.9克
【著録】 《合集》37881
【分類】 黄組
【釋文】 (1) 癸丑卜［貞］:［王］［旬］亡㫃（憂）。才（在）□□。
　　　　 (2) 癸亥卜貞：王旬亡㫃（憂）。才（在）正月。
　　　　 (3) 癸酉卜貞：王旬亡㫃（憂）。
　　　　 (4) 癸未卜貞：王旬亡㫃（憂）。
　　　　 (5) ……旬……

440（7-511）

【材質】 左胛骨，長5.4、寬2.4、厚0.6釐米，重5.6克
【著録】 《合集》39399
【分類】 黄組
【釋文】 (1) 癸丑［王］［卜］貞：旬［亡］［㫃（憂）］，王凹（占）［曰］:［吉］。
　　　　 (2) 癸亥王卜貞：旬亡㫃（憂）。王凹（占）曰：吉。
　　　　 (3) □酉王卜［貞］：旬亡㫃（憂）。［王］凹（占）曰：吉。

441（7-219）

【材質】 龜腹甲，長1.8、寬1.8、厚0.3釐米，重0.6克
【著録】 未著録
【分類】 黄組
【釋文】 (1) □□卜［貞］:［王］旬［亡］㫃（憂）。
　　　　 (2) 癸丑［卜］［貞］：王旬亡［㫃（憂）］。

442（7-107）

【材質】 龜腹甲、右前甲，長2.2、寬1.8、厚0.4釐米，重1.2克
【著録】 未著録
【分類】 黄組
【釋文】 (1) □未卜貞:［王］旬［亡］㫃（憂）。
　　　　 (2) 癸卯［卜］［貞］：王［旬］亡［㫃（憂）］。〖二〗

443（7-640）

【材質】 龜腹甲、右前甲，長2.5、寬1.5、厚0.5釐米，重1.0克

【著録】　未著録

【分類】　黄組

【釋文】　□卯卜，永［貞］：王旬［亡］㫃（憂）。

444（7-173）

【材質】　龜腹甲、右後甲，長3.2、寬2.0、厚0.3釐米，重1.2克

【著録】　未著録

【分類】　黄組

【釋文】　（1）□□卜［貞］：［王］旬［亡］㫃（憂）。

　　　　　（2）癸亥卜貞：王［旬］亡［㫃（憂）］。

445（7-187）

【材質】　龜腹甲，長2.1、寬1.7、厚0.3釐米，重1.1克

【著録】　未著録

【分類】　黄組

【釋文】　（1）□酉𠂤（顛）卜［貞］：王旬［亡］㫃（憂）。

　　　　　（2）癸巳……〖二〗

【解説】　第（1）辭中的貞人名“顛”爲首次出現的黄組貞人。

446（7-188）

【材質】　龜腹甲、右後甲，長2.3、寬2.3、厚0.8釐米，重1.5克

【著録】　未著録

【分類】　黄組

【釋文】　（1）□□卜［貞］：［王］旬［亡］㫃（憂）。

　　　　　（2）癸丑［卜］［貞］：王［旬］亡［㫃（憂）］。〖一〗

447（7-295）

【材質】　龜腹甲、左前甲，長3.4、寬1.6、厚0.3釐米，重1.6克

【著録】　未著録

【分類】　黄組

【釋文】　（1）□酉卜貞：［王］旬［亡］㫃（憂）。

　　　　　（2）□巳卜貞：［王］旬亡㫃（憂）。

448（7-124）

【材質】 龜腹甲、右後甲，長1.9、寬1.8、厚0.2釐米，重0.8克
【著録】 未著録
【分類】 黃組
【釋文】 癸卯［卜］貞：王旬亡［𡆥（憂）］。〖一〗

449（7-322）

【材質】 右背甲，長3.0、寬1.8、厚0.3釐米，重1.1克
【著録】 未著録
【分類】 黃組
【釋文】 （1）……𡆥（憂）。
　　　　（2）□□卜貞：王［旬］亡𡆥（憂）。

450（7-190）

【材質】 龜腹甲、左前甲，長3.9、寬2.3、厚0.5釐米，重1.9克
【著録】 未著録
【分類】 黃組
【釋文】 （1）癸巳［卜］貞：王［旬］亡［𡆥（憂）］。〖二〗
　　　　（2）癸巳［卜］貞：王［旬］亡［𡆥（憂）］。〖二〗

451（7-214）

【材質】 龜腹甲、左前甲，長1.9、寬1.6、厚0.5釐米，重1.0克
【著録】 未著録
【分類】 黃組
【釋文】 □卯卜貞：［王］旬［亡］𡆥（憂）。

452（7-90）

【材質】 龜腹甲，長2.2、寬1.7、厚0.5釐米，重0.9克
【著録】 未著録
【分類】 黃組
【釋文】 （1）……𡆥（憂）……■于東。
　　　　（2）□□卜，才（在）□［貞］：王今［夕］［亡］𡆥（憂）。
　　　　（3）庚寅［卜］，［才（在）］□貞：王［今］［夕］亡［𡆥（憂）］。

453（7-185）

【材質】　龜腹甲、右後甲，長3.4、寬3.0、厚0.4釐米，重2.0克
【著録】　未著録
【分類】　黃組
【釋文】　（1）□□卜貞：[王][今]夕亡㊢（憂）。
　　　　　（2）□□卜貞：王[今][夕]亡㊢（憂）。

454（7-99）

【材質】　右背甲，長2.4、寬1.6、厚0.3釐米，重1.0克
【著録】　未著録
【分類】　黃組
【釋文】　壬戌卜貞：王今夕亡㊢（憂）。

455（7-206）

【材質】　右背甲，長5.0、寬3.9、厚0.6釐米，重7.5克
【著録】　未著録
【分類】　黃組
【釋文】　壬戌卜貞：王今夕亡㊢（憂）。

456（7-186）

【材質】　龜腹甲、左前甲，長3.8、寬3.5、厚0.5釐米，重2.9克
【著録】　未著録
【分類】　黃組
【釋文】　甲午[卜][貞]：王今[夕]亡[㊢（憂）]。

457（7-63）

【材質】　龜腹甲，長2.0、寬2.0、厚0.3釐米，重0.9克
【著録】　未著録
【分類】　黃組
【釋文】　（1）□戌卜[貞]：王今[夕][亡]㊢（憂）。
　　　　　（2）丙申[卜][貞]：王今[夕]亡[㊢（憂）]。〖一〗

458（7-71）

【材質】 龜腹甲、右後甲，長2.8、寬2.1、厚0.4釐米，重1.6克
【著録】 未著録
【分類】 黄組
【釋文】 （1）□□卜貞：[王] 今夕 [亡] 畎（憂）。
　　　　 （2）□酉卜貞：[王] [今] 夕亡 [畎（憂）]。
　　　　 （3）己丑 [卜] 貞：王 [今] 夕亡 [畎（憂）]。
　　　　 （4）辛□ [卜] 貞：[王] 今 [夕] 亡 [畎（憂）]。

459（7-87）

【材質】 龜腹甲，長2.0、寬1.7、厚0.3釐米，重0.8克
【著録】 未著録
【分類】 黄組
【釋文】 （1）□□卜貞：[王] [今] 夕 [亡] 畎（憂）。
　　　　 （2）己巳 [卜] 貞：[王] [今] 夕 [亡] [畎（憂）]。

460（7-92）

【材質】 龜腹甲、左後甲，長3.3、寬2.2、厚0.4釐米，重1.7克
【著録】 未著録
【分類】 黄組
【釋文】 （1）□辰卜 [貞]：王今 [夕] 亡畎（憂）。
　　　　 （2）丙子卜貞：王今夕亡畎（憂）。

461（7-102）

【材質】 右背甲，長2.2、寬2.1、厚0.4釐米，重1.1克
【著録】 未著録
【分類】 黄組
【釋文】 （1）壬午卜貞：王今夕亡畎（憂）。
　　　　 （2）戊□ [卜] [貞]：王今 [夕] [亡] [畎（憂）]。

462（7-332）

【材質】 右背甲，長5.2、寬2.5、厚0.3釐米，重4.6克
【著録】 未著録
【分類】 黄組

【釋文】（1）□午卜［貞］：王［今］［夕］亡［㊉（憂）］。

（2）□未卜貞：［王］［今］夕亡㊉（憂）。

（3）……亡㊉（憂）。

（4）癸□［卜］［貞］：王［今］［夕］［亡］㊉（憂）。

463（7-248）

【材質】　龜腹甲，長3.3、寬2.8、厚0.6釐米，重2.1克
【著錄】　未著錄
【分類】　黃組
【釋文】（1）□□［卜］貞：……

（2）甲午卜貞：王今夕亡［㊉（憂）］。

464（7-553）

【材質】　龜腹甲、右後甲，長3.1、寬2.7、厚0.5釐米，重3.1克
【著錄】　《合集》36451
【分類】　黃組
【釋文】（1）……寧。

（2）丁卯卜貞：今夕自（師）亡㊉（憂），寧。

（3）己巳卜貞：今夕自（師）亡㊉（憂），寧。

（4）戊申［卜］［貞］：今夕［自（師）］亡㊉（憂），［寧］。

（5）庚戌［卜］［貞］：今夕自（師）［亡］㊉（憂），［寧］。

465（7-577）

【材質】　左胛骨，長5.7、寬1.7、厚0.5釐米，重4.3克
【著錄】　《合集》37892，〈《合補》12813
【分類】　黃組
【釋文】（1）癸卯王卜［貞］：旬亡㊉（憂）。［王］凹（占）曰：■……二月。

（2）癸丑王卜貞：旬亡㊉（憂）。王凹（占）曰：大吉。才（在）三月。

（3）……貞……凹（占）……■月。

【解說】　此版可與《合集》37907相綴（綴合版《合補》著錄爲12813），①綴合後的卜辭爲：

（1）癸卯王卜［貞］：旬亡㊉（憂）。［王］凹（占）曰：■……二月。

（2）癸丑王卜貞：旬亡㊉（憂）。王凹（占）曰：大吉。才（在）三月。

---

① 蔡哲茂：《甲骨綴合集》第171組，樂學書局，1999年。張宇衛邊加綴39330，參看其《甲骨綴合第四五～四七則》第47則，先秦史研究室網站2012-3-5，http://www.xianqin.org/blog/archives/2587.html。加綴處不太密合，暫不采用。

（3）癸亥王卜貞：旬亡猷（憂）。王固（占）曰：大吉。才（在）三月。

（4）□□［王］［卜］貞……王固（占）……才（在）四月。

466（7-140）

【材質】　龜腹甲，長2.2、寬1.8、厚0.4釐米，重1.1克
【著録】　未著録
【分類】　黃組
【釋文】　（1）□□卜……旬……
　　　　　（2）……猷（憂）……
　　　　　（3）癸……貞……亡……〚三〛

467（7-265）

【材質】　龜腹甲、左後甲，長2.8、寬2.6、厚0.7釐米，重1.1克
【著録】　未著録
【分類】　黃組
【釋文】　□子卜貞：［王］今夕亡猷（憂）。

468（7-637）

【材質】　龜腹甲，長2.0、寬1.7、厚0.3釐米，重0.7克
【著録】　未著録
【分類】　黃組
【釋文】　（1）……今［夕］［亡］猷（憂）。
　　　　　（2）甲□［卜］貞：［王］［今］夕亡［猷（憂）］。

469（7-113）

【材質】　龜腹甲、右後甲，長2.7、寬2.0、厚0.4釐米，重1.8克
【著録】　未著録
【分類】　黃組
【釋文】　（1）癸未［卜］貞：王［旬］亡［猷（憂）］。〚三〛
　　　　　（2）癸卯［卜］貞：王［旬］亡［猷（憂）］。〚三〛

470（7-23）

【材質】　左背甲，長4.2、寬3.3、厚0.5釐米，重4.9克
【著録】　未著録

【分類】 黃組
【釋文】 □□［卜］貞：……猷（憂）。

471（7-37）

【材質】 龜腹甲，長1.6、寬1.4、厚0.3釐米，重0.6克
【著録】 未著録
【分類】 黃組
【釋文】 （1）……旬……
　　　　（2）癸未……

472（重7-52）

【材質】 龜腹甲，長1.4、寬1.0、厚0.3釐米，重0.3克
【著録】 未著録
【分類】 黃組
【釋文】 □亥卜……

473（7-606）

【材質】 胛骨，長5.2、寬3.7、厚0.3釐米，重6.8克
【著録】 《合集》38043
【分類】 黃組
【釋文】 正：（1）庚午、辛未、壬申、癸［酉］。
　　　　　　（2）庚辰、辛巳、壬午、癸［未］。
　　　　　　（3）［己］丑、庚寅、辛卯、壬辰、癸［巳］。
　　　　 反：（1）［乙］丑、丙寅、丁卯、戊［辰］。
　　　　　　（2）［丙］子、丁丑、戊寅。
　　　　　　（3）丁亥、戊子。

474（7-607）

【材質】 胛骨，長6.1、寬1.9、厚0.4釐米，重2.7克
【著録】 未著録
【分類】 黃組
【釋文】 正：（1）甲子、乙丑、丙寅。
　　　　　　（2）甲戌、乙亥、丙子。
　　　　　　（3）丙戌。
　　　　　　（4）■■。

　　　　　反：己。

475（7-609）

【材質】　左背甲，長3.1、寬1.6、厚0.4釐米，重1.8克
【著録】　未著録
【分類】　黃組
【釋文】　（1）□申卜貞：……夕……
　　　　　（2）丁卯、戊辰、己巳。

476（7-610）

【材質】　左背甲，長3.1、寬1.7、厚0.4釐米，重1.8克
【著録】　未著録
【分類】　黃組
【釋文】　（1）丙寅、丁卯、戊辰。
　　　　　（2）丙子、丁丑、戊寅。
　　　　　（3）丙戌、丁亥、戊子。

477（7-611+612）

【材質】　龜腹甲、左後甲，長6.6、寬2.9、厚0.4釐米，重5.7克
【著録】　《合集》38056＝《前》3.11.3+3.11.1
【分類】　黃組
【釋文】　（1）〖二〗
　　　　　（2）庚午、辛未、壬申、癸酉。
　　　　　（3）庚辰、辛巳、壬午、癸未。
　　　　　（4）庚寅、辛卯、辰、癸巳。
【解説】　第（4）辭"辰"字前漏刻"壬"字。另此版甲骨還可與GSNB　S224相綴，① 綴
　　　　　合後相關刻辭爲：
　　　　　（1）〖二〗
　　　　　（2）丙寅、丁卯、戊辰、己巳、庚午、辛未、壬申、癸酉。
　　　　　（3）丙子、丁丑、戊寅、己卯、庚辰、辛巳、壬午、癸未。
　　　　　（4）丙戌、丁亥、戊子、己丑、庚寅、辛卯、辰、癸巳。

---

① 　蔡哲茂：《甲骨綴合集》第257組，第264頁。

478（7-614）

【材質】　胛骨，長4.3、寬3.3、厚0.6釐米，重7.0克
【著錄】　未著錄
【分類】　黃組
【釋文】　（1）戊辰、己巳、庚午、辛［未］。
　　　　　（2）戊寅、己卯、庚辰、辛［巳］。
　　　　　（3）戊子、己丑、庚寅、辛［卯］。
　　　　　（4）戊戌、己亥、庚子。
　　　　　（5）戊申、己酉、庚戌。

479（7-78）

【材質】　龜腹甲，長2.7、寬1.7、厚0.4釐米，重1.1克
【著錄】　未著錄
【分類】　黃組
【釋文】　（1）……貞：王……
　　　　　（2）……巳、庚午……
　　　　　（3）……己卯、庚辰、辛……
　　　　　（4）……己丑、庚寅……
【解説】　干支表倒刻。

480（7-56）

【材質】　左背甲，長3.0、寬2.2、厚0.5釐米，重2.4克
【著錄】　未著錄
【分類】　黃組
【釋文】　（1）己巳、庚午、辛……
　　　　　（2）己卯、庚辰、辛……
　　　　　（3）己丑、庚寅、辛……

481（7-1）

【材質】　右胛骨，長10.0、寬7.8、厚3.0釐米，重61.0克
【著錄】　未著錄
【分類】　僞刻

438

482（7-2）

【材質】　胛骨，長4.0、寬3.8、厚1.1釐米，重7.1克
【著録】　未著録
【分類】　僞刻

483（7-6）

【材質】　胛骨，長4.3、寬3.8、厚0.3釐米，重3.9克
【著録】　未著録
【分類】　僞刻

484（7-19）

【材質】　左胛骨，長8.0、寬5.7、厚3.4釐米，重41.6克
【著録】　未著録
【分類】　僞刻

485（7-20）

【材質】　左胛骨，長14.8、寬4.6、厚0.5釐米，重39.6克
【著録】　未著録
【分類】　僞刻

486（7-21）

【材質】　胛骨，長8.6、寬3.7、厚0.8釐米，重15.7克
【著録】　未著録
【分類】　僞刻

487（7-22）

【材質】　胛骨，長4.2、寬2.3、厚0.3釐米，重3.3克
【著録】　未著録
【分類】　僞刻

488（7-50）

【材質】　右胛骨，長6.8、寬3.6、厚0.6釐米，重14.2克

【著録】　未著録
【分類】　僞刻

489（7-51）

【材質】　右胛骨，長8.5、寬6.5、厚3.3釐米，重58.7克
【著録】　未著録
【分類】　僞刻

490（7-52）

【材質】　左胛骨，長17.0、寬8.0、厚3.0釐米，重116.2克
【著録】　未著録
【分類】　僞刻

491（7-650）

【材質】　龜腹甲，長2.0、寬1.7、厚0.4釐米，重1.0克
【著録】　未著録
【分類】　僞刻

492（重7-51）

【材質】　右胛骨，長7.3、寬1.8、厚0.4釐米，重12.7克
【著録】　未著録
【分類】　僞刻

493（C-4）

【材質】　右胛骨，長21.8、寬16.2、厚3.8釐米，重163.9克
【著録】　未著録
【分類】　僞刻
【解説】　與一般的僞刻在商代有字或無字卜骨上進行刻寫不同，此版刻字甲骨的載體乃現代牛胛骨而非商代甲骨。

494（重7-52大）

【材質】　胛骨，長3.5、寬3.2、厚0.3釐米，重3.2克
【著録】　未著録

【分類】　無刻辭

495（無號大）

【材質】　胛骨，長1.7、寬1.2、厚0.4釐米，重0.6克
【著録】　未著録
【分類】　無刻辭

496（無號黑）

【材質】　胛骨，長1.9、寬1.3、厚0.2釐米，重0.6克
【著録】　未著録
【分類】　無刻辭

附録一

吉林大學所藏甲骨選釋

姚孝遂

　　吉林大學歷史系文物陳列室曾於1961年收購到一批甲骨，共一百餘片，乃羅振玉舊藏。其中有一部分是未曾著録過的。也有一部分雖被著録，但或者是僅著録其正面的刻辭，而遺漏了其背面；或者是拓本經過割截，以致文辭不全。在這些甲骨刻辭中，有的可據以解決目前某些懸而未決的問題；有的則對於過去認爲毫無問題的説解，向我們提出了一些新的疑問。現在選録其中特別重要的幾片，並提出個人的初步見解，以供同志們參考。

　　（一）在甲骨刻辭中，有一部分的字體和内容都非常特殊，其主要貞人有"子"、"我"、"余"、"𣲖"、"𩅧"等等。關於這一類刻辭的斷代問題，大家意見分歧，争論很大，一直懸而未決。或以爲"當屬於武丁以前，或爲盤庚、小辛、小乙之物"[1]，或以爲是屬於帝乙時代[2]，或以之列於武丁後期[3]，另外則有人把它屬之於文武丁時代，並據以論證文武丁的所謂"復古"[4]。

　　《殷墟書契前編》曾著録過這類刻辭的一片干支表（3.14.2），其拓本乃是經過剪截的。實際上骨的上端尚有一部分殘辭，有貞人"爭"的名字（見圖一）。根據這片"干支表"的字體——尤其是其"子"字作"𠂤"、"丁"字作"〇"來看，可以毫無疑問地確定它是所謂"子組"刻辭。其上端的刻辭雖已殘缺不全，但我們可以依據卜辭的通例補足爲"□□卜，爭□（貞），□（旬）□（亡）𡆥"。同時，就其字體來看，也和我們所常見的貞人"爭"的字體完全相同。據此，則這類刻辭也應當肯定其爲屬於武丁時期，因爲貞人"爭"無可懷疑地是武丁時人。

　　固然貞人"爭"的卜辭與屬於所謂"子組"的"干支表"刻辭，不一定是同時所契刻，但我們應該注意到下列這些事實：

　　①這類刻辭與武丁時期的刻辭曾經同坑出土；

　　②這類刻辭所記載的人名與武丁時期刻辭所提到的人名有很多相同；

　　③這類刻辭所占卜的内容與武丁時期所占卜的内容有很多相同；

　　④這類刻辭的文字形體與武丁時期的文字形體在某些地方有相類似之處。

　　根據上述種種迹象，再加上同版有貞人"爭"的名字，在沒有其他更有力的反證之前，我們只能斷定這類刻辭是屬於武丁時期，而否定其他的一切説法。

　　這段"干支表"並不完整。其最後的一個干支當作"甲申"，由於"申"字沒有刻全，

————————————

① 胡厚宣：《戰後京津新獲甲骨集序要》，又參見《甲骨續存序》。

② 李學勤：《帝乙時代的非王卜辭》，見《考古學報》1958年第一期。其中有一部分刻辭將之列於文武丁時期。

③ 陳夢家：《殷虛卜辭綜述》158—166頁。

④ 董作賓：《殷虛文字乙編序》。

屬於所謂"缺刻横畫"之例，所以我們現在看起來就和"乙"字完全一樣了。

（二）如圖二所示，過去未曾見之於著録：

"貞，佳且乙取帚"

"貞，帚好⿱屮取不"

"貞，佳大甲取帚"

"貞，帚好⿱屮取上"

"貞，佳唐取帚好"

"佳且乙"

"貞，佳大甲"

"貞，佳唐取帚好"

"佳"即"唯"；"且"即"祖"；"取"即"娶"；"帚"即"婦"；"好"實際上就是"子"字之加上"女"旁者；"⿱屮"相當於現在的"有"。

《庫》1020有與此相類似的卜辭：

"佳父乙"

"貞佳且乙取帚"

"貞帚好⿱屮取不"

"佳大甲取帚"

"貞帚好⿱屮取上"

兩者文辭基本相同，乃所謂"一事多卜"。

"取"字在甲骨刻辭中有兩種不同的用法：一爲"取舍"之"取"，如"取牛"就是；一則爲"娶"。例如：

"乎取女于林"　　　　　《乙》3186

"允其取妾"　　　　　　《乙》7161

"乎取奠女子"　　　　　《合》276

"取⿰介妾"　　　　　　《甲》2287

"乎取秦"　　　　　　　《下》37.8

在古代，不僅活人娶婦，死人以至於神鬼也要娶婦。最著名的就是"河伯娶婦"。據褚補《史記·滑稽列傳》：

"魏文侯時，西門豹爲鄴令。豹往到鄴，會長老問之民所疾苦。長老曰，苦爲河伯娶婦。……巫行視人家女好者，云：是當爲河伯婦。即娉取，……共粉飾之如嫁女，床席，令女居其上，浮之河中。……民人俗語曰：即不爲河伯娶婦，水來漂没，溺其人民云。"

445

鄴是商的故墟，爲河伯娶婦的風俗可以遠溯到商代。卜辭中就已有爲河伯娶婦的記載：

"其尞于河牢，沈郪"	《上》23.4
"郪、玨酌河"	《鐵》127.2
"……河，女一人"	《河》607
"酌河卅牛，氏我女"	《乙》3094

"河伯"在後代不過是人格化的水神，而在商代，則是屬於祖宗神，卜辭的"河"，不僅與其他各"先公"並列，享受隆重的祀典，而且直接稱之爲"高祖河"（《撫續》2）

卜辭中商王爲其先祖娶"冥婦"的例子尚有：

"帚（寝）于小乙三姜"	《河》303

這段刻辭是說用三個羌女陪侍死去了的祖先"小乙"。在殷墟所發掘的商代陵墓中，我們發現有殉葬的女子，這和卜辭所載可以互證。而爲死人娶"冥婦"的陋習，歷代均有所聞，並非罕見。

然則此片的"佳且乙取帚"、"佳大甲取帚"，即爲商王的祖先"祖乙"和"太甲"娶"冥婦"，這是非常明顯的。據此以推，"佳唐取婦好"就是爲"太乙"即"湯"娶"婦好"爲"冥婦"了。我們知道，"婦好"是武丁時期經常率兵出征的一員非常著名的女將。商王也曾爲她占問生育的吉利與否。她與商王武丁的關係，或以爲是武丁之妃，或以爲是武丁的子婦。她先武丁而死，在武丁時期的卜辭中，有着祭祀她的記載：

"嬪婦好；弗其償婦好"	《前》7.27.4

既然"佳唐取婦好"指的是"婦好"死後以之配於"唐"作爲"冥婦"，則"婦好"爲武丁之妃或其子婦的說法就難以成立了。

在古代社會，爲神祖娶"冥婦"，絕大多數是以女性的俘虜或奴隸充之。但也有以親屬中之婦女充之者。如《史記·六國年表》所載：秦靈公"初以君主妻河"，《索隱》云："取他女爲君主，君主猶公主也。妻河，謂嫁之河伯。"可是"唐"乃是武丁的祖先，武丁以其妃或子婦配與"唐"作爲"冥婦"，則是絕對不可能的事情。而"佳唐取婦好"又無法作其他的解釋，因此，"婦好"與武丁的關係就得重新加以考慮了。不僅如此，所有卜辭中的"多婦"，如"婦妌"等，其與商王的關係究竟如何，也是需要重新加以探討的。

此外，這段刻辭中的"婦好有取"較爲費解，也可能是"有取婦好"的倒語。圖二C的一段驗辭"王固曰上佳甲"也見於《庫》1020，當係針對"婦好有取上"這段卜辭而言，其詳細的涵義尚有待於進一步的追索。

（三）征伐"人方"和"盂方"是帝辛時期的重大事件。[1] 而帝辛之所以要征伐"人方"和"盂方"，是出於侵略的目的抑是出於自衛？這對於研究商代各族間的關係以及對於商紂

---

[1] 關於這一點，目前尚有爭論，也有人認爲當是帝乙時事。作者的看法是當屬於帝辛時代，但在這裏不便詳加申論。

的評價，都是很重要的問題。

關於帝辛征伐"盂方"的原因，乃是由於"盂方卅（拱）人"侵犯商邑（《林》2.25.6），所以帝辛才會合了"多田（甸）于（與）多白（伯）正（征）盂方白炎"（《甲》2416）。而征"人方"的原因，有了這一片刻辭（見圖三）之後，我們就可以知道"人方"是經常"大出"侵擾商境的，所以商紂爲了自衛起見，不得不加以還擊。我們由此可以斷定，征伐"盂方"和"人方"，都應該是屬於反侵略性質的戰爭。此乃帝辛"九祀二月"所卜，其明年"十祀九月"（見《卜通》592）開始征伐人方。其受侵犯在前，而加以反擊則在後。《左傳》昭公四年椒舉所謂"商紂爲黎之蒐，東夷叛之"，這一説法不夠確切，因爲商與"人方"乃敵國，並不是臣屬的關係，不能稱之爲"叛"。而《吕氏春秋·古樂》所載，商紂"爲虐於東夷"，也未免混淆了是非。因爲商紂之征伐人方，是由於"人方大出"侵擾了商邑所引起的，不能片面地責商紂以"爲虐於東夷"。這片重要的刻辭，過去未曾見之於著録。

這片刻辭中"今春至今翌"這一辭例也非常特殊，僅此一見。"翌"在卜辭中一般是指將來的時間而言，通常是指一二日以後，最長的可以遠達六十□（參見《前》7.4.1）。"翌"字在典籍中則或作"翼"，但均指"次日"即第二日而言，與卜辭不盡相同。此處"今翌"兩字連言，是否相當於現代漢語的"最近的將來"？未敢確指。這對於研究卜辭的語法也是一項重要的資料。

（四）卜辭曾見"死"字，其形體作▢或▢；其辭例爲："隹死"（《前》5.41.3）；"不隹死"（《下》4.16）；"不死"（《乙》4860）。胡光煒認爲："以文誼求之，皆爲尸，蓋記卜尸之事。"[1]今據圖四所見的"子敇不死"觀之（未曾著録），其誼仍當爲"死亡"之"死"。固然金文中的"死"字都作"尸"字用，但金文所記，從未牽涉到有關生死的事情，不能因此就斷言古代的"死"字僅用作"尸"。何況金文中"生霸"和"死霸"，"生"與"死"也是相對爲言。此片的"死"字作▢，所從之小點，象人死後以土覆蓋之形，而所從之"▢"，則示死後化爲朽骨之意。這與▢之象人跪禱於朽骨之旁的形體稍有不同，而與▢形相似，只是繁簡有別而已。《續甲骨文編》誤將▢字混入▢字（孫詒讓曾釋▢爲"設"）。▢、▢、▢都毫無疑問應當是"死"字，其本義乃指死亡而言，用作"屍"或"尸"，乃其引申義。後世文字孳化，"死亡"之"死"作"死"，"屍體"之"屍"則另作"屍"字以當之。至於"尸"字則本作"▢"，即"夷"之初文。

這裏還牽涉到卜辭中"▢"字的考釋問題。丁山釋爲"死"，[2]胡厚宣先生又進一步詳加申論。[3]現在卜辭即有▢、▢、▢等形無疑地是"死"字，同時也作"死亡"之義；而且卜辭有"延▢"的語例，"延"即今"延"字，其義爲"延續"。卜辭的"延雨"即連續下雨；"延出疾"即連續有疾。如果釋"▢"爲"死亡"之"死"，不僅卜辭已有"死亡"之"死"的本字，而且"延死"一辭也難以解釋。

此片的"子"字寫法很特殊（參見圖四B），也爲卜辭所僅見。上象人首，所從之二點，乃象人目，當爲"子"字的異體。

（五）圖五A《前》6.11.4曾加著録。其缺文可據《前》6.11.5補足爲："貞翌丁卯王其狩敇录阜？八月。""敇录"二字合文，乃地名，即《拾》6.11之"敇鹿"，"录"和"鹿"都是

① 見《説文古文考》，轉引自《殷虚書契前編集釋》卷五第45頁。
② 《釋广》，見中研院歷史語言研究所《集刊》，1930，1-2。
③ 《商史論叢·釋▢》。

447

"麓"的借字。① 羅振玉以爲是"獒"字，即《周禮·弊人》之"弊"，② 在形體上是説不通的。

圖五C乃背文，羅氏遺漏未録。實際上背文很重要，是一段驗辭，指明在狩獵中所擒獲的乃是虎。文當自左向右讀，即"獸（狩），允斁虎"。"斁"即"禽"字，意爲擒獲。

卜辭中有不少關於獵虎的記載。而其他關於田獵的記載，更是習見繁出，難以勝數。有人認爲："卜辭中所有關於田獵的記載，都是時王爲逸樂而行；游田，並無關乎生產。"③ 這種説法是不夠恰當的。既然野獸的"肉可以食，皮毛可以禦寒，骨和角可製爲器物。利用這些部分，正是田獵的目的之一"，④ 那麼，就不能説所有的田獵都與生產完全無關。就以獵虎而論，《乙》2844有辭云"貞我馬出虎，佳囚"，既然有野虎爲患於馬群，前往獵虎，就未嘗没有消滅虎患，保護畜牧生產的作用。當然，商王的田獵活動，通常是帶有遊樂性質的，但是，如果説它與生產完全無關，那就不符合於事實了。

（六）"多子逐罷隻（獲）"的"罷"字，"似鹿而無角"（見圖六，未曾著録），羅振玉釋"麞"，⑤ 唐蘭先生以爲"麖"之本字，即今之所謂"獐"⑥，並辨明釋爲"麞"之不可據。唐蘭先生的説法是對的。卜辭中的"多子"經常從事田獵活動，如：

"多子隻鹿"　　　　　　　《乙》4501，3441
"多子逐鹿"　　　　　　　《乙》3083

"多子"應當就是經常參加戰争的"多子族"，"多子族"乃是"多子"的集合稱謂。

（七）圖七的卜辭也未曾著録過，乃是有關祭祀先祖的卜辭。其中值得注意的是關於"成"的部分。卜辭稱"湯"爲"唐"、爲"大乙"、爲"成"。而"成"字過去多誤釋爲"咸"，以爲即"咸戊"，亦即"巫咸"。卜辭的"咸"字從"口"；而"成"字則從"丁"，兩者有着嚴格的區別⑦，不能加以混淆。

右上側的刻辭當念作"自九示"，"于大甲"，不能自上而下連讀作"于大甲自九示"。"自九示"乃指自"大乙"至"且丁"之九世直系先祖而言。《粹》149有辭云"九示自大乙至丁且"，郭沫若先生的考釋説："自大乙起，以父子相承之直系計之，爲大丁、大甲、大庚、大戊、中丁、祖乙、祖辛、祖丁，共九示。知丁且即且丁矣。"《佚》986的"奉自上甲、大乙、大丁、大甲、大庚、大戊、中丁、且乙、且辛、且丁十示"（《合》29同），"上甲"乃所謂"元示"，《前》3.22.6有"上甲元示"的記載。"元示"加上"九示"即爲十示。這一些都是關於"九示"説解的最好證明。

總起來説，這裏所選録的甲骨片雖然爲數不多，但卻非常重要。根據它可以解決某些舊有的問題，也向我們提出了一些新的疑問。尤其是如圖一所示，它解決了一直認爲是懸案的、具有相當數量的甲骨刻辭的斷代問題，同時也提醒了我們：甲骨刻辭的著録是一項非常細緻複雜的工作；任何草率從事，都將造成不可估量的損失。而出土甲骨之流散亡佚者亦復不少，廣事搜求，使這些甲骨能夠重見天日，也是一項艱巨的任務。

---

① 《殷虚書契前編集釋》卷六，11頁。
② 《增訂殷虚書契考釋》卷中，76頁。
③ 《殷虚卜辭綜述》，552頁。
④ 《殷虚卜辭綜述》，552頁。
⑤ 《增訂殷虚書契考釋》卷中，29頁。
⑥ 《獲白兕考》，見燕京大學《史學年報》第四期。
⑦ 《殷虚卜辭綜述》，411頁。

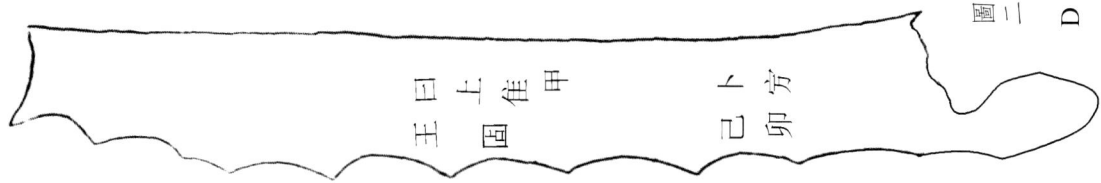

圖二 D

卜方
已 卯
甲 隹 上 曰王
乙 固
王 曰

圖二 C

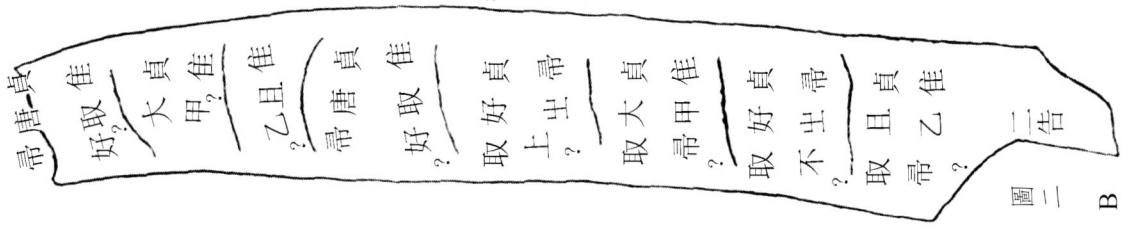

圖二 B

隹
乙
且

貞
唐
？

帚
好
取

隹
甲
？

貞
大
甲

帚
唐
？

隹
上
出

貞
好
取

隹
甲
帚

貞
大
帚
甲

帚
好
取

貞
不
出

隹
乙
？

貞
日
乙

帚
取
？

三告

帚唐貞

圖二 A

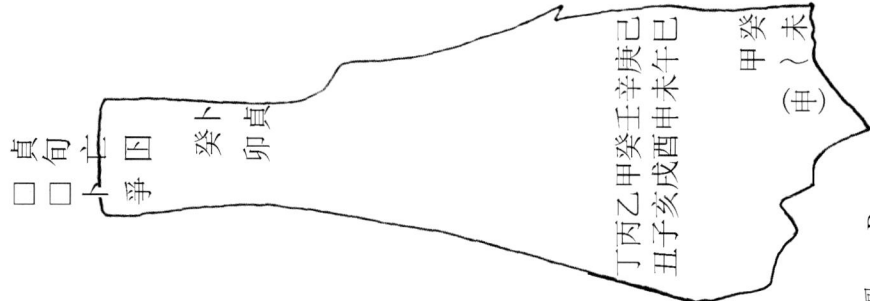

圖一 B

貞 旬 亡
□ □ □
爭 卜
癸 卯 貞

丁丙乙甲癸壬辛庚己
丑子亥戌酉申未午巳

甲癸～未
（申）

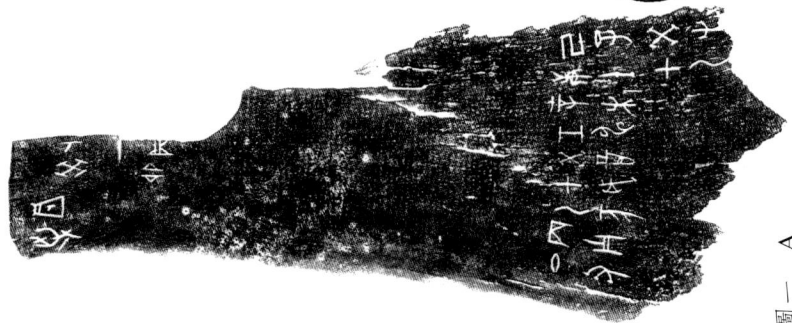

圖一 A

450

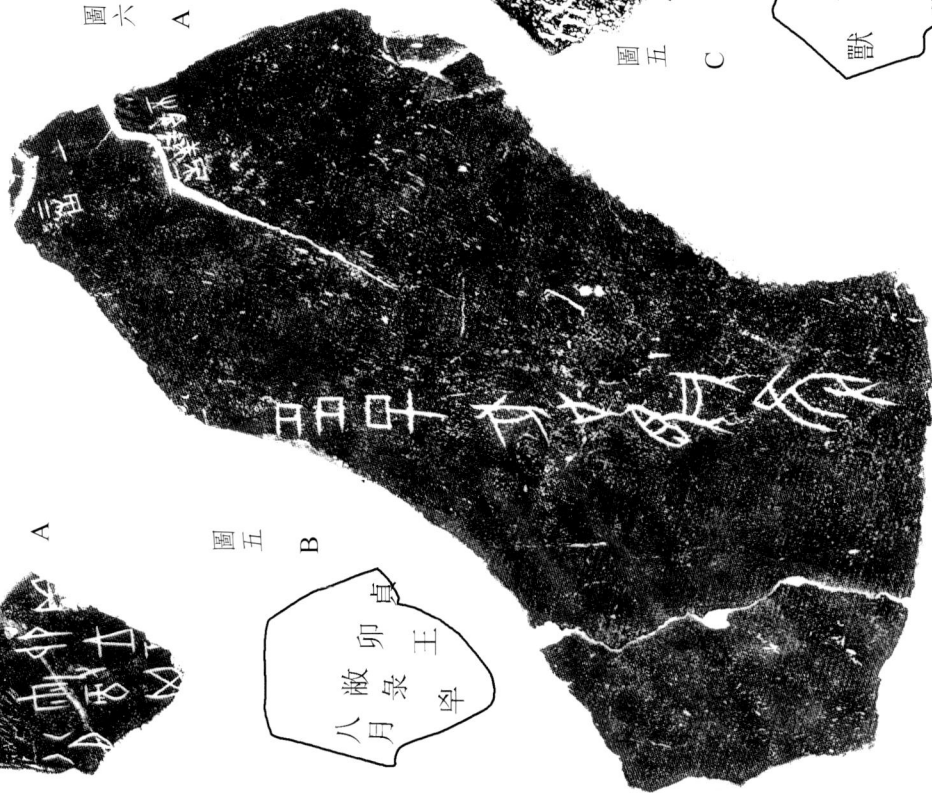

圖六 A

圖五 C

圖五 D

圖五 A

圖五 B

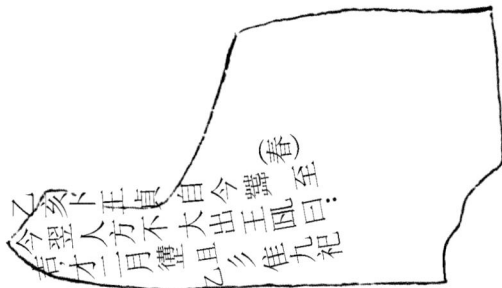

圖三 B

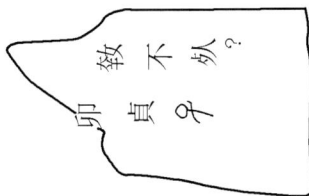

圖四 B

圖三 A

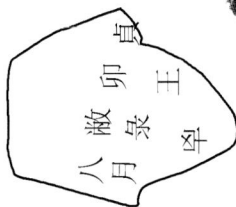

圖四 A

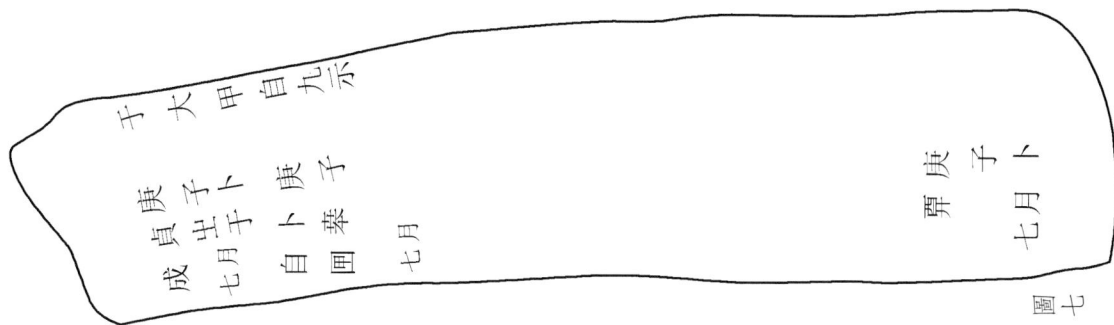

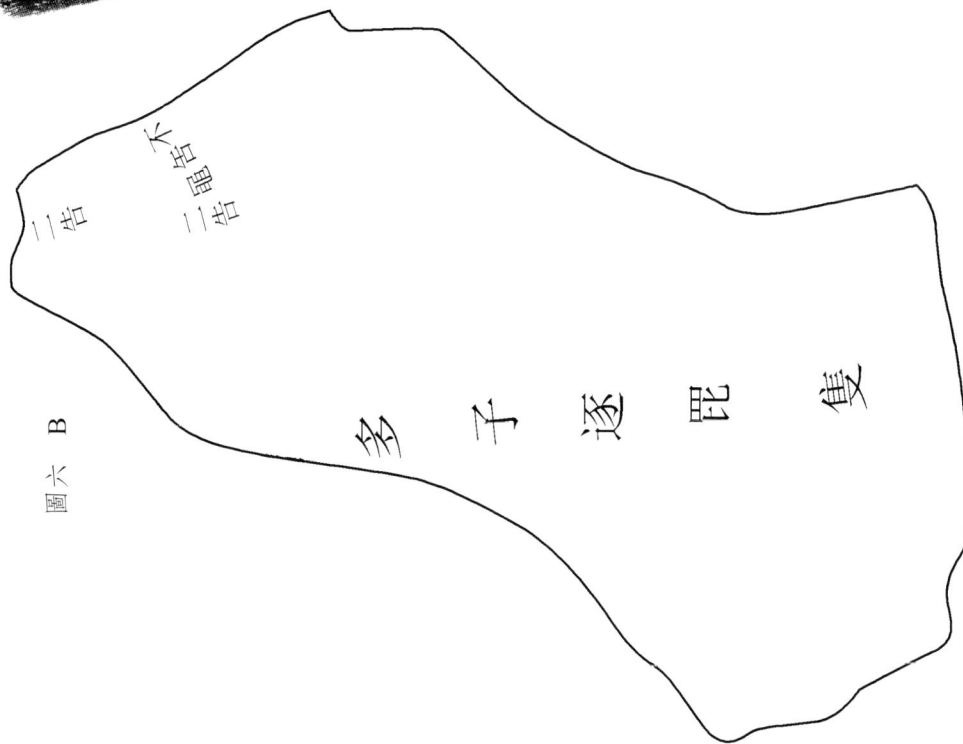

（原載《吉林大學社會科學學報》1963年第4期，79—87頁；又載於《姚孝遂古文字論集》，中華書局，2010年，136—143頁，後者未録圖版）

附

録

二

表一　本書甲骨新編號與其他著錄號的對照表

新 編 號	館 藏 號	《合集》號	其 他 著 錄 號	
1	7-613	〈 20449	〈《前》8.12.5	
2	7-528	20551		
3	7-627	39970	《續存》下 324	
4	7-203			
5	7-593	20650	《前》8.10.3	《通》451
6	7-516			
7	7-4			
8	7-643			
9	7-619			
10	7-156			
11	7-101			
12	7-189			
13	7-605	21784	《前》3.14.2	《通》8、《吉大選》1
14	7-586	21890	《吉大選》4	
15	7-342			
16	7-532+539	7024		
17	7-522	17932	《後》下 17.11	
18	7-519	3321		
19	7-523	20626		
20	7-152			
21	7-592	6621		
22	7-597	8264	《前》6.56.6	
23	7-134			
24	7-277			
25	7-345			
26	7-197			
27	7-39			
28	7-632			
29	7-238			
30	7-608	18883		

新 編 號	館 藏 號	《合集》號	其 他 著 録 號	
31	7-267			
32	7-635			
33	7-48			
34	7-582	14879	《吉大選》7	
35	7-77			
36	7-258			
37	7-283			
38	7-310	〈5992	〈《前》6.12.1	
39	7-591	13217		
40	7-562+重7-6	〉13111		
41	7-560	13141		
42	7-225			
43	7-167			
44	7-209			
45	7-572	14522		
46	7-32			
47	7-652			
48	7-518	14746		
49	7-230			
50	7-192			
51	7-566	1778		
52	7-329			
53	7-579	2636	《吉大選》2	
54	7-212			
55	7-651			
56	7-174			
57	7-337			
58	7-531	3867		
59	7-527			
60	7-266			

（續表）

新 編 號	館 藏 號	《合集》號	其 他 著 錄 號
61	7-294		
62	7-220		
63	7-211		
64	7-12		
65	7-229		
66	7-24		
67	7-237		
68	7-228		
69	7-231		
70	7-88		
71	7-540	11151	
72	7-263		
73	7-521	3389	《後》下17.5
74	7-53	6934	
75	7-588	13799	
76	7-244		
77	7-542	6770	
78	7-564	7513	
79	7-259		
80	7-33		
81	7-131		
82	7-45		
83	7-132		
84	7-182		
85	7-136		
86	7-138		
87	7-57		
88	7-30		
89	7-346	5761	
90	7-568	5977	

新 編 號	館 藏 號	《合集》號	其 他 著 録 號	
91	7-325			
92	7-85			
93	7-204			
94	7-76			
95	7-26			
96	7-601		《前》6.11.4	《吉大選》5
97	7-510	10386	《吉大選》6	
98	7-524	10941		
99	7-44			
100	7-10			
101	7-630			
102	7-600	5666		
103	7-565	5204		
104	7-245			
105	7-130			
106	7-536	8139		
107	7-584	4896		
108	7-108			
109	7-533	17065		
110	7-83			
111	7-68			
112	7-631			
113	7-284			
114	7-621			
115	7-574			
116	7-218			
117	7-64			
118	7-315			
119	7-236	16993		
120	7-97			

（續表）

（續表）

新 編 號	館 藏 號	《合集》號	其 他 著 録 號	
121	7-286	5411		
122	7-278			
123	7-153			
124	7-129			
125	7-178			
126	7-34			
127	7-202			
128	7-318			
129	7-42			
130	7-534	17359		
131	7-196			
132	7-217			
133	7-11			
134	7-246			
135	7-297	3038		
136	7-54			
137	7-36			
138	7-645			
139	7-86			
140	7-195			
141	7-253			
142	7-243			
143	7-223			
144	7-233			
145	7-256			
146	7-127			
147	7-148			
148	7-171			
149	7-67			
150	7-25			

（續表）

新 編 號	館 藏 號	《合集》號	其 他 著 録 號	
151	7-66			
152	7-169			
153	7-172			
154	7-264			
155	7-69			
156	7-615			
157	7-282			
158	7-616			
159	7-13			
160	7-617			
161	7-655			
162	7-18			
163	7-317			
164	7-31			
165	7-47			
166	7-198			
167	7-208			
168	7-250			
169	7-309			
170	7-313			
171	7-639			
172	7-247			
173	7-624			
174	7-642			
175	7-281			
176	7-543			
177	7-646			
178	7-648			
179	7-65			
180	7-5			

（續表）

新 編 號	館 藏 號	《合集》號	其 他 著 録 號
181	7-17		
182	無號小		
183	7-556		
184	7-70		
185	7-160		
186	7-551	9628	
187	7-512	1597	
188	7-583	962	
189	7-594	15464	
190	7-94		
191	7-120		
192	7-135		
193	7-139		
194	7-224		
195	7-216		
196	7-133		
197	7-111		
198	7-144		
199	7-241		
200	7-570	7809	
201	7-240		
202	7-96		
203	7-60	5507	
204	7-149		
205	7-158		
206	7-344		
207	7-550	636	
208	7-151		
209	7-538	10963	
210	7-541	10422	

460

新 編 號	館 藏 號	《合集》號	其 他 著 録 號	
211	7-590	5577		
212	7-74			
213	7-109			
214	7-162			
215	7-168			
216	7-181			
217	7-194			
218	7-201			
219	7-274			
220	7-302			
221	7-326			
222	7-334			
223	7-335			
224	7-336			
225	7-585	11859		
226	7-79			
227	7-234			
228	7-301			
229	7-93			
230	7-82			
231	7-91			
232	7-110			
233	7-164			
234	7-323			
235	7-514	16779		
236	7-327			
237	7-116			
238	7-213			
239	7-27			
240	7-104			

（續表）

新 編 號	館 藏 號	《合集》號	其 他 著 錄 號	
241	7-159			
242	7-207			
243	7-287			
244	7-305			
245	7-143			
246	7-55			
247	7-273			
248	7-299			
249	7-62			
250	7-257			
251	7-546	32171	《佚》897	
252	7-544	34294	《佚》888	
253	7-548	32545		
254	7-557	34334		
255	7-576	32121		
256	7-547	32897	《佚》913	
257	7-180			
258	7-255			
259	7-81			
260	7-581	4298		
261	7-117			
262	7-16			
263	7-28			
264	7-49			
265	7-9			
266	7-604	16493		
267	7-176			
268	7-529	23094		
269	7-552+555	23326＞23360＝吉大7-555	《佚》878	

新 編 號	館 藏 號	《合集》號	其 他 著 録 號	
270	7-559	25764		
271	7-561	23173		
272	7-123			
273	7-170			
274	7-3			
275	7-75			
276	7-210			
277	7-314			
278	7-316			
279	7-319			
280	7-324			
281	7-262			
282	7-270			
283	7-275			
284	7-339			
285	7-341			
286	7-308			
287	7-279			
288	7-636			
289	7-184			
290	7-291			
291	7-340			
292	7-38			
293	7-629			
294	7-199			
295	7-242			
296	7-251			
297	7-300			
298	7-103			
299	7-589	24135	《後》下 27.13	《通》760

新 編 號	館 藏 號	《合集》號	其 他 著 錄 號	
300	7-520	8209	《前》1.48.2	
301	7-155			
302	7-598	24737		
303	7-80			
304	7-235			
305	7-525	26747		
306	7-95			
307	7-272			
308	7-307			
309	7-239	23768		
310	7-513	24208	《前》5.40.7	
311	7-580			
312	7-517	26805		
313	7-163			
314	7-320			
315	7-638			
316	7-622			
317	7-628			
318	7-289			
319	7-165			
320	7-175			
321	7-183			
322	7-200			
323	7-261			
324	7-269			
325	7-292			
326	7-293			
327	7-306			
328	7-312			
329	7-328			

新 編 號	館 藏 號	《合集》號	其 他 著 録 號	
330	7-260			
331	7-276			
332	7-625			
333	7-634			
334	7-653			
335	7-654			
336	7-647			
337	7-147			
338	7-222			
339	7-296			
340	7-84			
341	7-122			
342	7-226			
343	7-157			
344	7-161			
345	7-119			
346	7-72			
347	7-515			
348	7-98			
349	7-252			
350	7-554	28251		
351	7-549	29185	《佚》951	
352	7-558	33486		
353	7-618	41681	《續存》下 861	
354	7-146			
355	7-7			
356	7-15			
357	7-602	35528		
358	7-563	35530		
359	7-530			

新 編 號	館 藏 號	《合集》號	其 他 著 録 號	
360	7-343			
361	7-193			
362	7-545	36179	《前》4.38.2	
363	7-526	38705		
364	7-142			
365	7-633			
366	7-121			
367	7-58	38333		
368	7-100			
369	7-179			
370	7-205			
371	7-280			
372	7-333			
373	7-59			
374	7-215			
375	7-330			
376	7-338			
377	7-573			
378	7-8			
379	7-626			
380	7-595	〈35373	〈《前》4.3.6	
381	7-118	38495		
382	7-105			
383	7-249			
384	7-254			
385	7-587	39475	《後》下 15.6	
386	7-331			
387	7-61			
388	7-288			
389	7-14			

新 編 號	館 藏 號	《合集》號	其 他 著 録 號
390	7-40		
391	7-89		
392	7-141		
393	7-268		
394	7-271		
395	7-191		
396	7-298		
397	7-227		
398	7-125		
399	7-285		
400	7-620		
401	7-43		
402	7-649		
403	7-73	37164	
404	7-114		
405	7-303		
406	7-321		
407	7-641	41796	《續存》下 908
408	7-29		
409	7-106		
410	7-221		
411	7-41		
412	7-115		
413	7-112		
414	7-137		
415	7-232		
416	7-177		
417	7-596	37285	
418	7-154		
419	7-46		

新 編 號	館 藏 號	《合集》號	其 他 著 錄 號	
420	7-311			
421	7-535	37852	《吉大選》3	
422	7-571	37428		
423	7-578	37599		
424	7-145			
425	7-644			
426	7-304			
427	7-290			
428	7-35			
429	7-126			
430	7-166			
431	7-150			
432	7-567	36654		
433	7-623			
434	7-569	38144		
435	7-603	38197		
436	7-537	38203		
437	7-128			
438	7-575	38992		
439	7-599	37881		
440	7-511	39399		
441	7-219			
442	7-107			
443	7-640			
444	7-173			
445	7-187			
446	7-188			
447	7-295			
448	7-124			
449	7-322			

（續表）

新 編 號	館 藏 號	《合集》號	其 他 著 録 號	
450	7-190			
451	7-214			
452	7-90			
453	7-185			
454	7-99			
455	7-206			
456	7-186			
457	7-63			
458	7-71			
459	7-87			
460	7-92			
461	7-102			
462	7-332			
463	7-248			
464	7-553	36451		
465	7-577	37892	〈《合補》12813	
466	7-140			
467	7-265			
468	7-637			
469	7-113			
470	7-23			
471	7-37			
472	重7-52			
473	7-606	38043		
474	7-607			
475	7-609			
476	7-610			
477	7-611+612	38056	《前》3.11.3	《前》3.11.1
478	7-614			
479	7-78			

（續表）

新 編 號	館 藏 號	《合集》號	其 他 著 錄 號
480	7–56		
481	7–1		
482	7–2		
483	7–6		
484	7–19		
485	7–20		
486	7–21		
487	7–22		
488	7–50		
489	7–51		
490	7–52		
491	7–650		
492	重7–51		
493	C–4		
494	重7–52大		
495	無號大		
496	無號黑		

（續表）

表二 《合集》著録號與新編號對照表

《合集》號	館藏號	新編號	其 他 著 録 號	
636	7-550	207		
962	7-583	188		
1597	7-512	187		
1778	7-566	51		
2636	7-579	53	《吉大選》2	
3038	7-297	135		
3321	7-519	18		
3389	7-521	73	《後》下17.5	
3867	7-531	58		
4298	7-581	260		
4896	7-584	107		
5204	7-565	103		
5411	7-286	121		
5507	7-60	203		
5577	7-590	211		
5666	7-600	102		
5761	7-346	89		
5977	7-568	90		
5992	7-310	38	〈《前》6.12.1	
6621	7-592	21		
6770	7-542	77		
6934	7-53	74		
7024	7-532+539	16		
7513	7-564	78		
7809	7-570	200		
8139	7-536	106		
8209	7-520	300	《前》1.48.2	
8264	7-597	22	《前》6.56.6	
9628	7-551	186		

《合集》號	館藏號	新編號	其 他 著 録 號	
10386	7-510	97	《吉大選》6	
10422	7-541	210		
10941	7-524	98		
10963	7-538	209		
11151	7-540	71		
11859	7-585	225		
13111	7-562+重7-6	40		
13141	7-560	41		
13217	7-591	39		
13799	7-588	75		
14522	7-572	45		
14746	7-518	48		
14879	7-582	34	《吉大選》7	
15464	7-594	189		
16493	7-604	266		
16779	7-514	235		
16993	7-236	119		
17065	7-533	109		
17359	7-534	130		
17932	7-522	17	《後》下17.11	
18883	7-608	30		
20449	7-613	1	〈《前》8.12.5	
20551	7-528	2		
20626	7-523	19		
20650	7-593	5	《前》8.10.3	《通》451
21784	7-605	13	《前》3.14.2	《通》8、《吉大選》1
21890	7-586	14	《吉大選》4	
23094	7-529	268		
23173	7-561	271		

《合集》號	館藏號	新編號	其他著録號	
23326＞23360＝吉大7-555	7-552+555	269	《佚》878	
23768	7-239	309		
24135	7-589	299	《後》下27.13	《通》760
24208	7-513	310	《前》5.40.7	
24737	7-598	302		
25764	7-559	270		
26747	7-525	305		
26805	7-517	312		
28251	7-554	350		
29185	7-549	351	《佚》951	
32121	7-576	255		
32171	7-546	251	《佚》897	
32545	7-548	253		
32897	7-547	256	《佚》913	
33486	7-558	352		
34294	7-544	252	《佚》888	
34334	7-557	254		
35373	7-595	380	〈《前》4.3.6	
35528	7-602	357		
35530	7-563	358		
36179	7-545	362	《前》4.38.2	
36451	7-553	464		
36654	7-567	432		
37164	7-73	403		
37285	7-596	417		
37428	7-571	422		
37599	7-578	423		
37852	7-535	421	《吉大選》3	
37881	7-599	439		

《合集》號	館藏號	新編號	其他著錄號	
37892	7-577	465	〈《合補》12813	
38043	7-606	473		
38056	7-611+612	477	《前》3.11.3+3.11.1	
38144	7-569	434		
38197	7-603	435		
38203	7-537	436		
38333	7-58	367		
38495	7-118	381		
38705	7-526	363		
38992	7-575	438		
39399	7-511	440		
39475	7-587	385	《後》下15.6	
39970	7-627	3	《續存》下324	
41681	7-618	353	《續存》下861	
41796	7-641	407	《續存》下908	

表三　吉大所藏甲骨綴合表

序　號	新編號	館藏號	與　之　綴　合　號	綴合者
1	5	7-593	《合集》20652	林宏明①
2	16	7-532+539	《合集》53+4673+22482+19193+《山博》226 +《善》2.71.15倒	蔣玉斌②
3	18	7-519	《合集》6751	李愛輝③
4	40	7-562	重7-6	蔣玉斌④
5	89	7-346	《合集》5762	林宏明⑤
6	90	7-568	《合集》9974	劉　影⑥
7	102	7-600	《安明》589	何　會⑦
8	121	7-286	《合補》6191	蔣玉斌⑧
9	422	7-571	《合集》37784	門　藝⑨
10	423	7-578	《合集》37747	門　藝⑩
11	432	7-567	《合集》36724	門　藝⑪
12	465	7-577	《合集》37907	蔡哲茂⑫
13	477	7-611+612	GSNB S224	蔡哲茂⑬

---

① 林宏明:《契合集》第80組，萬卷樓出版，2013年，91-92頁（圖版），130—131頁（釋文及考釋）。
② 蔣玉斌:《甲骨舊綴之新加綴》第6組，先秦史研究室網站2014-12-25，http://www.xianqin.org/blog/archives/4887.html。
③ 李愛輝:《甲骨拼合第256則》，先秦史研究室網站2014-4-11，http://www.xianqin.org/blog/archives/3874.html。
④ 蔣玉斌:《蔣玉斌甲骨綴合總表》第135組，先秦史研究室網站2011-3-20，http://www.xianqin.org/blog/archives/2305.html。
⑤ 林宏明:《甲骨新綴第571-579例》第571例，先秦史研究室網站2015-6-10，http://www.xianqin.org/blog/archives/5269.html。
⑥ 劉影:《賓組新綴兩則》第一則，先秦史研究室網站2009-9-17，http://www.xianqin.org/blog/archives/1642.html。
⑦ 何會:《龜腹甲新綴第二七則》，先秦史研究室網站2010-9-11，http://www.xianqin.org/blog/archives/2058.html。
⑧ 蔣玉斌:《〈甲骨文合集〉綴合拾遺（第九十組）》，先秦史研究室網站2010-12-17，http://www.xianqin.org/blog/archives/2202.html。
⑨ 門藝:《殷墟黃組甲骨刻辭的整理與研究》第58組，第288頁。
⑩ 門藝:《殷墟黃組甲骨刻辭的整理與研究》第63組，第289頁。
⑪ 門藝:《殷墟黃組甲骨刻辭的整理與研究》第69組，第291頁。
⑫ 蔡哲茂:《甲骨綴合集》第171組，樂學書局，1999年。
⑬ 蔡哲茂:《甲骨綴合集》第257組，第264頁。

表四　甲骨鑽鑿形態及與卜辭的對應關係表

【説明】

1. 鑽鑿排序基本按從下至上、從左至右次序。

2. 若卜辭無對應鑽鑿，説明其對應的鑽鑿已殘去。

3. 對於因只有一條卜辭而在釋文中不標序號者，在此表對應卜辭欄將之記作（1）。

4. 表格中鑽鑿形態、燒灼形式的類型定義及圖例如下表1、2所示，詳細論述可參看周忠兵《甲骨鑽鑿形態研究》（《考古學報》2013年第2期）一文。

表1

鑽鑿類型	式		攻 治 方 法	長　度	圖　例
I 小圓鑽			鑽成	直徑0.7—1.2釐米（以1釐米以下爲多，超過1釐米的占少數）	
II 圓鑽包攝長鑿	II2 大圓鑽包攝長鑿		先鑽大圓鑽再製作長鑿（長鑿由輪開槽或直接挖製形成）	圓鑽直徑1.5釐米左右	
IV 輪開槽長鑿	IV1 弧肩尖圓	A. 有尖狀突出	輪開槽後不修改	a. 1.2釐米以下（含1.2釐米）	
		B. 無尖狀突出		b. 1.3—1.5釐米	
	IV4 弧肩平圓		輪開槽後再改製	c. 1.6—2釐米	
				d. 2.1釐米以上（含2.1釐米）	
V 挖製長鑿	V1 直肩尖圓	A. 有尖狀突出	挖製	a. 1.5釐米以下（不含1.5釐米）	
		B. 無尖狀突出			
	V2 直肩三角	A. 有尖狀突出		b. 1.5—2釐米	
		B. 無尖狀突出			

476

鑽鑿類型	式		攻治方法	長度	圖例
V 挖製長鑿	V3 直肩平圓	A.有尖狀突出	挖製	c. 2.1—2.5 釐米	
		B.無尖狀突出			
	V4 弧肩尖圓	A.有尖狀突出		d. 2.6—3 釐米	
		B.有尖狀突出			
	V5 弧肩平圓	A.有尖狀突出		e. 3.1 釐米以上（含 3.1 釐米）	
		B.無尖狀突出			

表2

燒灼方式	定　義	圖例
一 A	直接燒灼，燒灼面與骨面在同一平面，一般沒有剝離面。	
一 B	直接燒灼，燒灼基本無剝落面，但形成凹面，凹面看不出有刮痕。	
一 C	直接燒灼，灼處因骨面剝離形成窪面，窪面底部不平整，多將鑽鑿肩部口沿破壞，在窪面中存燒灼面，或燒灼面看不出。	
二 B	在長鑿或小圓鑽旁用鑽鑽成半圓或月牙形凹面，再燒灼。	
二 C	在燒灼的一側緊貼鑽鑿肩部口沿中上直接挖一較深或淺的形狀不大規則凹面，凹面的底面並不推刻整齊，口沿也不是很整齊。	

（續表）

燒灼方式	定 義		圖 例
二D	一般用刀直接在要燒灼的那處長鑿肩部口沿附近挖超過長鑿長一半的近圓形凹面，底面較光滑，凹面最深處在中部。		
二E	在要燒灼的部位直接用刀刮出較均勻的薄薄的一層，無明顯凹面。		
二F	在燒灼處先刻一道縱向刻痕，然後再由長鑿肩部口沿向刻痕刮削，刮削面的長度爲刻痕的長度或略微超過，寬度即口沿至刻痕的距離。按刮削程度可分爲兩小類。	F1.刮削基本不破壞長鑿肩部口沿，只是將骨面較平整地削去薄薄一層，燒灼面一般不剝落。	
		F2.刮削使骨面上可看出明顯凹面，凹面的最深處在刻痕處，燒灼面一般不剝落。	

478

甲骨鑽鑿形態及與卜辭的對應關係表

新編號	館藏號	鑽鑿形態		燒灼形式	對應卜辭
1	7-613	正面一			一A
2	7-528	左一		一A	（1）
		左二	V 1	一A	（2）
		左三	V 1	一A	
		右一	V 1	未燒灼	
		右二	V 1Aa	未燒灼	
		右三	V 1Aa	未燒灼	
		右四	V 1	一A	
4	7-203	左一	IV 1		
		右一		二C	（1）
5	7-593	一	I	一A	（1）
		二	I	一A	（2）
		三	I	一A	（3）
		四	I	一A	（4）
6	7-516	左一	IV 4	一A	
		右一	IV 1		（1）

新 編 號	館 藏 號	鑽 鑿 形 態		燒灼形式	對應卜辭
7	7-4	一	IV	一A	（1）
		二	IV 1	一A	
8	7-643	左一	IV		（3）
		中一	IV 1	一A	（4）
		右一		一C	（5）
10	7-156	一	IV	二C	（1）
		二	IV	一A	
11	7-101	一	IV	二E	（1）
12	7-189	左一		一A	（2）
		右一	IV	一A	（3）
13	7-605	一		一B	
		二		一C	（1）
		三		一C	（2）
14	7-586	一	IV	二C	（1）
16	7-532+539	左一	V	一B	（4）
		左二	V	一A	
		中一	V 4	一B	（3）
		中二	V 4	一B	（2）
		右一	V	一B	（1）
17	7-522	一	II 2		
		二	II 2		
		三	II 2		
		四	II 2		（1）
		五	II 2		
18	7-519	一	IV 1	一A	（1）
		二	IV 1C		
20	7-152	左一	IV	一C	（2）
		左二	IV	一C	
		右一	IV		（2）
21	7-592	一	IV 1	一C	（1）
22	7-597	左一	IV 1a		
		右一		一C	（2）
		右二	IV 1	二F2，未燒灼	
23	7-134	左一	IV	一A	（1）
		右一	IV 1		

新 編 號	館 藏 號	鑽 鑿 形 態		燒灼形式	對應卜辭
24	7-277	一	Ⅳ 1b		（2）
25	7-345	左一		二C	
		右一	Ⅳ	二C	（1）
		右二	Ⅳ		（2）
26	7-197	一	Ⅳ	一A	（1）
27	7-39	一		一A	
		二	Ⅴ	一B	（1）
28	7-632	左一	Ⅱ2		
		左二	Ⅱ2	一C	
		左三	Ⅱ2		
		右一	Ⅱ2		
		右二	Ⅱ2	一A	（1）
29	7-238	一		一A	（1）
30	7-608	左一	Ⅱ2	一A	（3）
		中一	Ⅱ2	一A	
		右一	Ⅱ2	一A	
		左二	Ⅱ2		（2）
		中二	Ⅱ2	一A	
		右二	Ⅱ2	一A	
		中三	Ⅱ2	一A	（1）
		右三	Ⅱ2	一A	
		右四	Ⅱ2	一A	
32	7-635	一	Ⅱ2	一A	（1）
		二	Ⅱ2	一A	
33	7-48	左一		二D	
		左二	Ⅳ 1b	二D	（1）
		左三	Ⅳ 1a	二D	
		左四	Ⅳ 1	二D	
		右一	Ⅳ		
		右二	Ⅳ 1b		
		右三	Ⅳ 1b		
		右四	Ⅳ 1		
34	7-582	左一	Ⅳ 1a		
		左二	Ⅳ 1b		（5）
		左三	Ⅳ 1b		（6）

新編號	館藏號	鑽鑿形態		燒灼形式	對應卜辭
34	7-582	左四	Ⅳ1		
		右一	Ⅳ1	二D	（1）
		右二	Ⅳ1c	二D	（2）
		右三	Ⅳ1c	二D	（3）
		右四	Ⅳ1c	二D	（4）
		右五	Ⅳ1	二D	
36	7-258	一	Ⅳ1		（2）
		二	Ⅳ1b		（1）
37	7-283	一	Ⅴ4		（1）
39	7-591	一	Ⅳ		（1）
		二	Ⅳ4b		（2）
		三	Ⅳ1		（3）
		四	Ⅰ		（4）
40	7-562+重7-6	一	Ⅳ1		（3）
		二	Ⅳ1c		（2）
		三	Ⅳ1b		（1）
41	7-560	一	Ⅳ1		（1）
		二	Ⅳ1c		（2）
		三	Ⅳ1c		
42	7-225	左一	Ⅴ1	一A	（1）
		右一	Ⅴ1	一B	（2）
43	7-167	一	Ⅳ	一A	（1）
44	7-209	一	Ⅳ1b		（1）
46	7-32	一	Ⅴ		（1）
47	7-652	一		一C	（1）
49	7-230	一	Ⅴ5A	二E	（1）、反（1）
50	7-192	一	Ⅴ4		（1）
		二	Ⅴ4		
51	7-566	左一	Ⅴ4b	二C	
		右一	Ⅴ4b		（2）
		右二	Ⅴ4b		反（1）
		右三	Ⅴ4b		（1）
52	7-329	一	Ⅴ2b		
		二	Ⅴ		（1）

新 編 號	館 藏 號	鑽 鑿 形 態		燒灼形式	對應卜辭
53	7-579	左一	IV		
		左二	IVc		（3）
		左三	IVc		（4）
		左四	IV 4c		（5）
		左五	IV 4c		（6）
		左六	IV 4c		（7）、反（1）
		左七	IV 4c		（8）、反（2）
		左八	IV 4c		（9）
		左九	IV 4		（10）
		右一	IV	二C	（1）
		右二	IV 4c	二C	（2）
57	7-337	一	V 2	二C	（2）
		二	V 2	二C	（1）
58	7-531	一		二B	（1）、反（1）
		二	V 4	二B	（2）
		三	V 4	二B	反（2）
59	7-527	左一	V	一A	（1）、反（1）
		右一	V 4		
60	7-266	一	V 4b		（1）
61	7-294	左一	V	一B	（3）
		中一	V 4Ab	一B	（2）
		右一	V 4b		
		左二	V	一A	
		中二	V 5A	一B	（1）
		右二	V		
62	7-220	左一	V		
		左二	V		（1）
		右一	V	二C	（2）
64	7-12	一	V 4		（1）
65	7-229	一	V 2	一B	（2）
66	7-24	左一	V	二D	反（1）
		左二	V	二D	（1）
		右一	V		
		右二	V 5b		
67	7-237	一	V		（1）

新 編 號	館 藏 號	鑽 鑿 形 態		燒 灼 形 式	對 應 卜 辭
69	7-231	一	V 2	二E	（1）
70	7-88	左一		一B	（2）
		左二	V	一B	（1）
		右一	V		
		右二	V		
73	7-521	左一	V		
		左二	V 4b	一B	（1）、反（1）
		右一		一C	（2）
74	7-53	一	V 4		（2）
		二	V 4Ab		
		三	V 4b		
75	7-588	一	V 4		（1）
		二	V 4b		（2）
		三	V 4b		（3）
		四	V 4b		（4）
77	7-542	一	V 2b	一B	（1）
		二	V 2b	一B	
78	7-564	一	V 1		
		二	V 1b		（1）
79	7-259	一		一A	（1）
81	7-131	一	V	一A	（2）
83	7-132	左一	V 1a		
		左二	V 1		
		右一		一A	（2）
		右二		一B	（1）
85	7-136	一	V	一C	（2）
		二	V	一A	（1）
86	7-138			一C	（1）
87	7-57	一	V 4	一C	（1）
88	7-30	一	V 2	二E	（1）、反（1）
		二	V 2	一A	
90	7-568	一	V 4		（1）
		二	V 4b		（2）
		三	V 4b		（3）
		四	V 4b		

新 編 號	館 藏 號	鑽 鑿 形 態		燒灼形式	對應卜辭
90	7-568	五	V 4b		（4）
		六	V 4		（5）
91	7-325	一	V	二F2	（2）
		二	V	二F2	（1）
92	7-85	左一	V		
		左二	V		（1）
		右一		一C	（2）
93	7-204	一	V		
		二	V	一C	（1）
94	7-76	左一	V 2	一C	（1）、反（1）
		右一	V 2		
97	7-510	一	V 2b	一C	（1）
		二	V		（2）
99	7-44	一	V 4		（1）
100	7-10	一	V	一C	（1）
102	7-600	左一	V 4b	一A	
		左二	V 4b	一C	
		左三	V 4b	二C	（1）
		右一	V 4b	二E	
		右二	V 4b	一C	
103	7-565	一	V 4		
		二	V 4b		（1）
		三	V 4b		（2）
		四	V 4b		（3）
		五	V 4		（4）
104	7-245	一	V 4		（1）
105	7-130	一	V 4		（2）
		二	V 4		
		三	V 4		（1）
106	7-536	一	V 4b		（1）
107	7-584	一	V 1	二C	（4）
		二	V 1b	二C	（3）
		三	V 1	一A	（2）、反（1）
		四	V 1	二C	（1）

新 編 號	館 藏 號	鑽 鑿 形 態		燒灼形式	對應卜辭
109	7-533	一		二D	反（1）
		二	V	二D	（1）、反（2）
		三	V 2b	二D	（2）
		四	V 2a	二D	
		五	V 2a	二D	（5）、反（3）
		六	V 2b	二D	（6）、反（4）
		七	V	二D	（7）
110	7-83	一	V 1b		
		二	V 1b		（1）
113	7-284	一		一C	（1）
		二	V	一A	
114	7-621	一	V		（1）
115	7-574	一	V		（1）
117	7-64	左一	V 4	一A	（1）
		右一	V 4		
118	7-315	一	V	二F2	（1）
119	7-236	一	V		（1）
121	7-286	一		一A	（1）、反（1）
122	7-278	一		一C	（1）、反（1）
123	7-153	一	V		（1）
124	7-129	左一	V	一A	（2）
		左二	V	一A	（1）
		右一	V		
		右二	V		
125	7-178	左一	V a	一B	（1）
		左二	V	一C	
		右一	V b		
		右二	V		
127	7-202	一	V	一B	（1）
128	7-318	左一	V b	二E	（1）
		左二	V	一A	
		中一	V	一A	（2）
		右一	V		
		右二	V		
129	7-42	一		一A	（1）

新　編　號	館　藏　號	鑽　鑿　形　態		燒灼形式	對應卜辭
130	7–534	一	V 4b	一B	（2）
		二	V 4b	一B	（1）
132	7–217	一	V 4b		（1）
		二	V		
133	7–11	一	V	二E	
		二	V	二E	（1）
136	7–54	一	V 4b	一C	（1）
		二	V 4	一C	
137	7–36	一	V		（1）
138	7–645	左一	V		（1）
		右一	V	一A	（2）
		右二	V		（3）
139	7–86	左一		一B	（2）
		右一	V		（1）
141	7–253	一	V	一C	（1）
142	7–243	一	V	一C	
143	7–223	一	V		（1）
144	7–233	一	V	一A	（1）、反（1）
		二	V	一A	
146	7–127	一	V 2	二C	（2）
		二	V 2	二C	（1）
147	7–148	左一	V	一C	（2）
		左二	V		（1）
		右一	V		
		右二	V b		
148	7–171	左一		二C	
		左二	V	二C	（1）
		右一	V		
151	7–66	一	V	二C	（2）、反（1）
152	7–169	一	V	二F1	（1）
154	7–264	左一	V	一C	（1）
		左二	V	一C	
		右一	V		
		右二	V		
156	7–615	一	V		（1）

486

新 編 號	館 藏 號	鑽 鑿 形 態		燒灼形式	對應卜辭
157	7–282	一		二C	（1）
158	7–616	一	V	一A	（1）
160	7–617	左一	V	一A	（2）
		右一	V		
161	7–655	一	V		（1）
162	7–18	左一	V 3	一C	（2）
		左二	V	二C	（1）
		右一	V		
164	7–31	一	V 4	一A	（1）
		二	V 4	一A	（2）
165	7–47	一	V	一C	（1）
166	7–198	左一	V 4		
		右一	V 3	一A	（1）
167	7–208	一	V	二C	（1）
168	7–250	左一	V	一A	（1）
		左二	V	一A	（2）
		右一	V		
		右二	V		
169	7–309	一	V 4	二E	（1）
		二	V 4b	二E	（2）
		三	V 4	二E	
170	7–313	一		一C	（1）
171	7–639	一	V	二E	（1）
		二	V	一C	（2）
172	7–247	一	V	一C	（1）
		二	V	一C	（2）
174	7–642	左一	V	一A	
		左二	V	一A	（1）
		右一	V		
		右二	V		
175	7–281	左一	V	一A	（2）
		左二	V		
		右一	V	一A	（3）
		右二	V	一A	（1）

新 編 號	館 藏 號	鑽 鑿 形 態		燒灼形式	對應卜辭
176	7-543	左一	V	一B	（3）
		左二	V b	一B	（2）
		右一	V 4Ab	一B	（1）
177	7-646	左一	V		
		左二	V		
		右一		一C	（1）
		右二	V 1	一C	
178	7-648	左一	V	一A	
		右一	V		
		右二	V		
179	7-65	左一	V	二C	（1）
		左二	V	二C	
		右一	V 4a		
		右二	V		
180	7-5	左一	V	一C	（1）
		左二	V		
		右一	V	一C	（2）
		右二	V	一C	（3）
181	7-17	一	V	一A	（1）
182	無號小	一		一B	（1）
183	7-556	左	V	一C	（1）
		中	V 2	一C	
		右	V b	一C	
185	7-160	一	V	一B	（1）
186	7-551	左一	V A1	一B	
		右一	V 1		（1）
		右二	V 1b		（2）
		右三	V 1A		
187	7-512	左一	V 4A	二E	（4）
		左二	V 4Ab	二E	（2）
		右一	V 4A	二E	（5）
		右二	V 4	二E，未燒灼	
		右三	V 4b	二E	（3）
188	7-583	左一	V 4A	一A	
		中一	V	一C	

新 編 號	館 藏 號	鑽 鑿 形 態		燒灼形式	對應卜辭
188	7-583	中二	V 4Ab	二C	（2）
		中三	V 4A	二C	（3）
		右一		一A	（1）
189	7-594	左一		一A	
		右一	V 4	二E	（1）
		右二	V 4b	二E	
190	7-94	左一	V	一A	（2）
		左二	V	一A	（1）
		右一	V		
		右二	V		
191	7-120	一	V 2	二C	
		二	V 2	一C	（1）
192	7-135	左一	V 4	一C	（2）
		左二	V 4	一B	（1）
		右一	V 4		
193	7-139	左一	V	一A	（1）
		左二	V	一A	
		右一	V		
		右二	V		
194	7-224	一	V		（1）
195	7-216	左一	V		
		右一	V	一C	（2）
		右二	V	一C	（1）
196	7-133	左一	V		
		左二	V		
		右一	V	二C	（2）
		右二	V	二C	（1）
197	7-111	左	V		
		中	V	二C	（2）
		右	V	一C	（3）
198	7-144	左一	V	一A	（2）
		左二	V	二C	（1）
		右一	V		
199	7-241	一		一A	（2）
		二	V	一B	（1）

（續表）

新 編 號	館 藏 號	鑽 鑿 形 態		燒灼形式	對應卜辭
200	7-570	一	V	一C	（1）
201	7-240	一	V		（1）
202	7-96	左一	V	二C	（1）
		右一	V		
203	7-60	一	V	一C	（1）
204	7-149	一		一A	（1）
205	7-158	左一	V	二F2	（1）
		右一	V		
206	7-344	一	V	二F2	（1）
207	7-550	左一	V 4A	一C	（2）
		左二	V 4b	一C	（1）
		右一	V 4		
		右二	V 4Ab		
208	7-151	左一	V	一B	（1）
		左二	V	一C	（2）
		右一	V		
209	7-538	左一	V 4	一A	（3）
		左二	V 4	一C	
		中一	V 4A	一A	（2）
		中二	V 4Ab	一C	（1）
		中三	V 4	一C	
		右一	V 4a		反（1）
		右二	V 4b		
210	7-541	左一	V 4Ab	一A	（2）
		右一	V 4b		（3）
211	7-590	左一	V	二E	（1）
		右一	V 4		
212	7-74	左	V		
		中	V 2		
		右	V	一A	（1）
214	7-162	一	V 2	二C	（2）
		二	V 2b	二C	（1）
215	7-168	一	V	一C	（1）

新 編 號	館 藏 號	鑽 鑿 形 態		燒灼形式	對應卜辭
216	7–181	一	V 4c	二D	（1）
217	7–194	一	V 3b	二C	（2）
		二	V 3a	二C	
218	7–201	左一	V 4		
		右一	V 4	二F2	（1）
219	7–274	左一	V 4a		
		中一	V 4Ab	一A	
		中二	V 4b	二E，未燒灼	
		右一	V 4a	一B	（1）
		右二	V 4	二E，未燒灼	
220	7–302	一	V	二E	（1）
221	7–326	左一	V 4	二C	
		中一	V 4	二C	（1）
		中二	V 4		
		右一	V 4		
223	7–335	左一	V		
		左二	V		
		右一	V	一C	（2）
		右二	V	二F2	（1）
224	7–336	左一	V	一C	（1）
		右一	V		
225	7–585	左一	V 4b		
		左二	V 4b		
		右一	V 4b	二E	（2）
		右二	V 4b	二E	（1）
226	7–79	一	V 3	一C	（1）
227	7–234	左一	V		
		右一	V	一C	（1）
228	7–301	左一	V	一C	（1）
		右一	V 2	二C	（2）
229	7–93	左一	V	一A	（2）
		左二	V	一A	（1）
		右一	V		
		右二	V		

新 編 號	館 藏 號	鑽 鑿 形 態		燒灼形式	對應卜辭
230	7-82	一	V	二C	（2）
		二	V 3	二C	（1）
231	7-91	左一	V		
		左二	V		
		右一	V 3	二E	（1）
		右二	V	二E	
232	7-110	左一	V		
		右一	V	一C	（1）
233	7-164	左一	V		（1）
		右一		一A	（2）
		右二		一A	
234	7-323	左一	V	一C	（1）
		右一	V		
235	7-514	一		二F	（2）
		二	V 2	二F1	（1）
236	7-327	左一	V	二C	（2）
		中一	V 4	二C	
		中二	V		
		右一	V		（1）
237	7-116	一	V 2	二F2	（2）
		二	V 2	二F2	（1）
238	7-213	左一	V	一C	（1）
		右一	V		
239	7-27	一	V 3		（1）
		二	V 3		
240	7-104	一	V	二F1	（2）
		二	V	二F1	（1）
241	7-159	一	V 4b		（1）
		二	V 4		
242	7-207	左一	V 4a		
		右一	V 4a	二E，未燒灼	
		右二	V 4a	二E，未燒灼	
243	7-287	一	V 4A	一C	（1）
245	7-143	左一	V	二F2	（1）
		右一	V		

新編號	館藏號	鑽鑿形態		燒灼形式	對應卜辭
246	7-55	左一	V		
		左二	V 3		
		左三	V 3		
		右一	V 3	二D	（2）
		右二	V 3	二D	
		右三	V	二D	（1）
247	7-273	一	V	一A	（1）
248	7-299	一	V	一A	
249	7-62	左一	V 2		（2）
		左二	V 2		（1）
		右一	V	一C	
		右二	V	一C	
251	7-546	一	IV 1		
		二	IV 1c		（1）
		三	IV 1c		（2）
		四	IV 1c		
		五	IV 1c		（3）
		六	IV 1c		（4）
		七	IV 1c		（5）
		八	IV 1c		（6）
		九	IV 1c		（7）
252	7-544	一	V		
		二	V 3b		（1）
		三	V 3b		
		四	V		（2）
253	7-548	左一	V 3	一A	
		左二	V 3b	一A	
		左三	V 3b	一C	
		左四	V 3b	一A	
		左五	V 3	一A	
		右一	V 3		（1）
		右二	V 3b		
		右三	V 3a		
		右四	V 3b		（2）
		右五	V 3		（3）

（續表）

新　編　號	館　藏　號	鑽　鑿　形　態		燒灼形式	對應卜辭
254	7–557	一	V 5c		（1）
		二	V 5c		（2）
		三	V 5		（3）
255	7–576	一	V 5	一A	（1）
		二	V 5c	一C	（2）
		三	V 5c	一C	（3）
		四	V 5c		（4）
		五	V 5c		（5）
256	7–547	一	V 3		
		二	V 3b		（1）
		三	V 3b		
		四	V 3c		（2）
		五	V 3c		
		六	V 3		（3）
257	7–180	一	V		（1）
		二	V		
258	7–255	左一	V	一A	
		左二	V 5	一A	
		右一	V 5		
		右二	V 5a		
259	7–81	左一	V		
		左二	V 5b		
		右一	V	一C	（1）
		右二		一B	
260	7–581	一	V 4		（1）
		二	V 4b		（2）
		三	V 4		（3）
261	7–117	左一	V	一C	（2）
		左二	V	二F2，未燒灼	
		右一	V 4b		
262	7–16	一		一C	（2）
263	7–28	一	V A		（2）
264	7–49	一	V		（1）
		二	V		（2）

新 編 號	館 藏 號	鑽 鑿 形 態		燒灼形式	對應卜辭
265	7-9	左一	V	一C	（2）
		左二	V 1a	二E，未燒灼	
		右一	V		
		右二	V 4		
266	7-604	一	V 4		（4）
		二	V 4a		
		三	V 4b		（3）
		四	V 4		
		五	V 4a		（1）
		六	V 4b		（2）
		七	V 4		
267	7-176	左一	V		
		右一	V	二E	（1）
		右二	V b	二E，未燒灼	
268	7-529	一	V	一A	
269	7-552+555	一	V 4c	一A	（2）
		二	V 4c	一C	（3）
		三	V 4c		（4）
		四	V 4c		（5）
		五	V 4c		（6）
		六	V 4		（7）
270	7-559	一	V	一A	（1）
271	7-561	一	V 4c		
		二	V 4c		（1）
		三	V 4		（2）
272	7-123	一	V		（1）
273	7-170	一	V	二E	（1）
275	7-75	一	V	二F1	（1）
277	7-314	一	V	一C	（1）
278	7-316	一	V	一C	（1）
279	7-319	一	V	一A	（1）
280	7-324	一	V		（1）
281	7-262	左一		一C	（1）
		右一	V 4		
282	7-270	一	V 2	一C	（1）

新編號	館藏號	鑽鑿形態		燒灼形式	對應卜辭
283	7-275	一	V	一C	（1）
284	7-339	一	V	二F1	（1）
286	7-308	一	V 4	一A	（1）
287	7-279	一	V 4		（2）
		二	V 4b		
289	7-184	左一	V 4	二F1	（2）
		左二	V 4	二F1	（1）
		右一	V 4		（3）
		右二	V 4		
290	7-291	左一	V	一C	（1）
		右一	V 4		
291	7-340	一	V 4		（1）
293	7-629	一		一C	（1）
294	7-199	左一	V 4		
		右一	V 4	二F1	（1）
296	7-251	左一	V 4	二F1	（1）
		右一	V 4b		
297	7-300	左一	V		
		右一	V 4		
298	7-103	左一	V 4a		
		右一		一C	（1）
		右二	V 4	二F1，未燒灼	
299	7-589	左一	V 4Ac		
		右一	V 4c	二F2	（1）
300	7-520	一	V	二F1	（1）
301	7-155	一	V		（1）
302	7-598	左一	V 3b	二F2	（2）
		中一	V 3b	二F2	（1）
		右一	V 3b		
303	7-80	一	V 5	一A	（1）
304	7-235	左一	V	一C	（1）
		右一	V 4		
305	7-525	一	V 4b		（1）
306	7-95	一	V		（1）
307	7-272	一	V 4b		（1）

新　編　號	館　藏　號	鑽　鑿　形　態		燒灼形式	對應卜辭
308	7-307	左一	V 4c	二F2	（1）
		右一	V 4		
309	7-239	一		一C	
310	7-513	左一	V 4		
		右一		一A	（1）
311	7-580	一	V	一C	（1）
312	7-517	一		一C	（1）
313	7-163	左一	V 4	一A	（1）
		右一	V 4		
314	7-320	一	V	一A	（1）
315	7-638	一		一C	
316	7-622	左一		二E	（1）
		右一	V 4		
318	7-289	一	V	二F1	（2）
		二	V	二F1	（1）
319	7-165	一	V	二F2	（2）
		二	V	二F2	（1）
320	7-175	一		一A	（1）
321	7-183	一	V		（1）
323	7-261	一	V 4d		（2）
		二	V 4		（1）
324	7-269	一	V 4	二F2	（2）
		二	V	一C	（1）
325	7-292	一	V		（1）
326	7-293	一	V 4		（1）
		二	V		
327	7-306	一	V	二F2	（1）
328	7-312	一	V		（1）
329	7-328	一	V 4b	二F2	（2）
		二	V 4	二F2	（1）
331	7-276	一	V	一C	（1）
332	7-625	左一	V		
		右一		一A	（1）
334	7-653	一	V		（1）

（續表）

新　編　號	館　藏　號	鑽　鑿　形　態		燒灼形式	對應卜辭
335	7-654	一	V		
		二	V	一A	（1）
336	7-647	左一	V	一A	（1）
		左二	V 2	一C	
		右一	V 2		
338	7-222	一	V	二F1	（1）
339	7-296	一	V	一C	（2）
341	7-122	一	V 4		（1）
342	7-226	一	V 4	一C	（1）
343	7-157	左一	V	二F2	（1）
		右一	V 4		
344	7-161	一	V	二F2	（2）
		二		二F	（1）
345	7-119	一	V	二F1	（1）
346	7-72	左一	V A	一C	（1）
		右一	V		
347	7-515	左一	V 4A	二F1	（2）
		右一	V 4A		（1）
348	7-98	一	V	一C	（2）
		二	V	一C	（1）
349	7-252	一	V		（1）
		二	V		（2）
350	7-554	一	V 3		（1）
		二	V 3		（2）
351	7-549	一	V d		（1）
		二	V d		（2）
		三	V d		
352	7-558	一	V 4c		（1）
		二	V 4c		（2）
		三	V 4c		（3）
		四	V 4c		（4）
		五	V 4d		（5）
		六	V 4		（6）
353	7-618	一	V 3	一C	（1）

新編號	館藏號	鑽鑿形態		燒灼形式	對應卜辭
354	7-146	左一	V 4		
		右一		一A	（1）
355	7-7	左一	V	一C	（3）
		左二	V	一C	（1）
		右一	V 4		（2）
		右二	V 4		
356	7-15	一	V	一C	（1）
358	7-563	一	V 4		（1）
		二	V 4b		（2）
		三	V 4b		（3）
		四	V 4b		（4）
		五	V 4		（5）
359	7-530	左一	V	一C	（1）
		右一	V 4		
360	7-343	左一	V	二F2	（2）
		左二	V	二F2	（1）
		右一	V		（3）
		右二	V		
361	7-193	一		一C	（1）
362	7-545	一	V		（1）
363	7-526	左一	V 4		
		左二	V 4		
		右一		一A	（2）
		右二	V 4	一A	（1）
364	7-142	左一	V 5	一A	（2）
		左二	V	二F1	（1）
		右一	V		
		右二	V		
365	7-633	一	V	二F	（1）
366	7-121	一	V 4	二F	（1）
367	7-58	一	V 4	一C	（1）
368	7-100	左一	V 4		（2）
		右一	V 4	二F1	（3）
369	7-179	一		二F	（1）
370	7-205	一	V 4a	一C	（1）

（續表）

新編號	館藏號	鑽鑿形態		燒灼形式	對應卜辭
371	2-280	左一	V 4b		
		右一	V 4b	二F1	（1）
372	7-333	一	V 4	二F1	（1）
373	7-59	左一	V 4A	一C	
		中一	V 4A	一C	（1）
		右一	V 4		（2）
374	7-215	一		一A	（1）
375	7-330	一	V	一C	（1）
376	7-338	左一	V 4		
		右一	V 4	一A	（1）
377	7-573	左一	V 3	一C	（1）
		右一	V 3		
378	7-8	一	V 4	二F1	（1）
379	7-626	一	V 4	二F	（1）
380	7-595	左一	V 4b	二F2	（1）
		左二	V 4	二F2	（2）
		右一	V 4b		
381	7-118	左一	V 5a	一C	（2）
		中一	V 5b	一C	（1）
		右一	V 5b		
382	7-105	一	V	一C	（1）
383	7-249	左一	V 2b		（1）
		右一	V	一A	
384	7-254	一	V 4a	一A	（1）
385	7-587	一	V 4	一A	（3）
386	7-331	左一	V	一A	（1）
		右一	V 4	一A	
387	7-61	一	V	一C	（1）
388	7-288	一	V	一A	（1）
389	7-14	一	V		（1）
390	7-40	左一	V	一A	（1）
		右一	V		
391	7-89	左一	V	二F	（2）
		左二	V	一A	（1）
		右一	V		

新 編 號	館 藏 號	鑽 鑿 形 態		燒 灼 形 式	對應卜辭
392	7–141	一		一C	（1）
393	7–268	左一	V 4		（1）
		右一	V 5	二F2	（2）
394	7–271	一	V	一C	（1）
395	7–191	左一	V		
		中一	V	一C	（1）
		右一	V A	一A	（2）
396	7–298	一		一C	（1）
397	7–227	一		一A	（1）
398	7–125	左一	V 4		
		右一	V 4A	二F2	（1）
401	7–43	左一		一C	（1）
		右一	V		
403	7–73	左一	V 4b		
		左二	V		
		右一	V b	二F2	（2）
		右二	V	二F2	（1）
404	7–114	左一	V 4		
		左二	V 4a		
		右一	V 4		（2）
		右二	V 4a		（1）
405	7–303	左一	V 5		
		中一	V 5	二F2	（1）
		右一		二F2	（2）
406	7–321	左一	V 4		
		右一	V	二F2	（2）
		右二	V b	二F2	（1）
407	7–641	左一	V 4		
		右一	V 4	二F2	（1）
408	7–29	左一	V		
		左二	V		
		右一		一C	（2）
		右二	V	一C	（1）
409	7–106	左一	V 4		
		左二	V 4		

新 編 號	館 藏 號	鑽 鑿 形 態		燒灼形式	對應卜辭
409	7-106	右一	V 4	一A	（2）
		右二		一A	（1）
410	7-221	左一	V		（2）
		左二	V 4		
		右一		一C	（3）
		右二	V	一C	（1）
411	7-41	一	V	二F1	（2）
		二	V	二F1	（1）
412	7-115	左一	V		（2）
		左二	V		
		右一	V	一C	（3）
		右二	V	一C	（1）
413	7-112	左一	V 4	二F2	（1）
		右一	V 4b	二F2	（2）
414	7-137	一	V	二F1	（1）
415	7-232	一	V	一C	（1）
416	7-177	左一	V		（2）
		左二	V		（1）
		右一	V	一C	
417	7-596	一	V 4		（1）
		二	V 4c		（2）
		三	V 4c		（3）
		四	V 4		（4）
418	7-154	左一	V		（1）
		右一	V	一A	（3）
		右二	V	一A	
419	7-46	左一		二F1	（1）
		右一	V		
421	7-535	一	V 4b		（1）
422	7-571	一	V 4		（1）
		二	V 4b		（2）
		三	V 4b		（3）
		四	V 4b		（4）
		五	V 4		（5）

新 編 號	館 藏 號	鑽 鑿 形 態		燒灼形式	對應卜辭
423	7-578	一	V 4		（1）
		二	V 4b		（2）
		三	V 4b		（3）
		四	V 4		（4）
424	7-145	左一	V 4	二F	（1）
		右一	V 4		
425	7-644	一	V 4		
		二	V 4		（1）
426	7-304	左一	V		（1）
		中一	V	二F2	（2）
		右一		二F	（3）
427	7-290	一	V	一A	（1）
428	7-35	一	V	二F1	（1）
429	7-126	左一	V	一C	（1）
		右一	V 4		
430	7-166	一	V	一C	
		二	V	一C	
431	7-150	一	V	二F1	（1）
432	7-567	一	V 4		（1）
		二	V 4b		（2）
		三	V 4b		（3）
		四	V 4b		（4）
		五	V 4		
433	7-623	左一	V	一A	（1）
		右一	V		
434	7-569	左一	V 4c		
		右一	V 4Ac	二F2	（1）
435	7-603	一	V 4		（1）
		二	V 4b		（2）
		三	V 4b		（3）
		四	V 4b		（4）
		五	V 4		（5）
436	7-537	一	V 4	二F1	（1）
437	7-128	左一	V 4b		
		右一	V	一C	（1）

新 編 號	館 藏 號	鑽 鑿 形 態		燒灼形式	對應卜辭
438	7-575	一	V 4b		（1）
		二	V 4b		（2）
		三	V 4b		（3）
		四	V 4b		（4）
		五	V 4		
439	7-599	一	V		（1）
		二	V		（2）
		三	V 4b		（3）
		四	V 4b		（4）
440	7-511	一	V 4		（1）
		二	V 4b		（2）
		三	V 4		（3）
441	7-219	一	V	二 F1	（2）
		二	V	二 F1	（1）
442	7-107	一	V	二 F1	（2）
		二	V	一 C	（1）
443	7-640	一	V	二 F1	（1）
444	7-173	一	V	二 F2	（2）
		二		一 C	（1）
445	7-187	左一	V	二 F1	（2）
		左二	V	二 F1	（1）
		右一	V		
		右二	V		
446	7-188	一	V	二 F2	（2）
		二	V	二 F2	（1）
447	7-295	左一	V 5		
		中一	V 5	二 F2	（1）
		右一	V	二 F2	（2）
448	7-124	一	V	二 F2	（1）
		二	V	二 F2	
449	7-322	左一	V 5	一 C	（2）
		右一	V		（1）

新 編 號	館 藏 號	鑽 鑿 形 態		燒灼形式	對應卜辭
450	7-190	左一	V	一C	（1）
		右一	V	一A	（2）
		右二	V	一A	
451	7-214	左一	V		
		右一	V	二F	（1）
452	7-90	左一	V		（1）
		右一		一C	（3）
		右二	V	一A	（2）
453	7-185	一	V		（1）
454	7-99	左一	V 4a	二E	（1）
		右一	V 4a		
455	7-206	一	V 5b	二F2	（1）
456	7-186	一	V 5	一C	（1）
457	7-63	左一	V 5		
		右一	V 5	一A	（2）
		右二		一C	（1）
458	7-71	左一	V	一C	（4）
		左二	V	二F	（2）
		右一	V 5	二F1	（3）
		右二	V 5	二F1	（1）
459	7-87	左一	V	一A	（2）
		左二	V	一A	（1）
		右一	V		
		右二	V		
460	7-92	一	V 4	二F2	（2）
		二	V 4	二F2	（1）
461	7-102	一	V	二E	（1）
462	7-332	左一	V 4	一C	（1）
		中一	V 4	二F	（2）
		右一	V 4		（3）
463	7-248	左一	V 4a		
		左二	V 4		

（續表）

新 編 號	館 藏 號	鑽 鑿 形 態		燒灼形式	對應卜辭
463	7-248	右一	V	二F1	（2）
464	7-553	左一	V 4	一A	（5）
		左二	V 4b	二C	（3）
		中一	V 4	二C	（4）
		中二	V 4b	二C	（2）
		右一	V 4		
		右二	V 4b		
465	7-577	一	V 4		（1）
		二	V 4b		（2）
		三	V 4		（3）
466	7-140	左一	V 4		（2）
		左二	V 4		
		右一	V	一C	（3）
		右二	V	一C	（1）
467	7-265	左一	V		
		右一	V	二F2	（1）
468	7-637	一	V	一C	（2）
		二	V	一C	（1）
469	7-113	左一	V	二F2	（2）
		中一	V 4	二F2	（1）
		右一	V 4		
471	7-37	左一	V		
		右一		二F1	（2）
477	7-611+612	一	V 4		（1）
		二	V 4b		
		三	V 4b		
481	7-1	左一	V 5	一A	
		左二	V 5c	一A	
		右一	V 5	一A	
		右二	V 5d		
484	7-19	一	V 5	一C	
		二	V 5c		

新編號	館藏號	鑽鑿形態		燒灼形式	對應卜辭
486	7-21	一	V 4b		
489	7-51	左一	V 3	一A	
		左二	V 3d	一A	
		右一	V 3	一A	
		右二	V 3c	一B	
491	7-650	左一	V		
		右一	V	二F	
492	重7-51	一	V		
		二	V 5b		
		三	V 5b		
		四	V		

表五　引用論著簡全稱對照表

（按簡稱首字音序排列）

簡　稱	全　稱	編著者	出版社	出版時間
安明	明義士收藏甲骨文集	許進雄	加拿大皇家安大略博物館	1972
復旦	復旦大學藏甲骨集	呂靜主編、葛亮編著	上海古籍出版社 復旦大學出版社	2019
合集	甲骨文合集	郭沫若主編 胡厚宣總編輯	中華書局	1978—1982
合集釋文	甲骨文合集釋文	胡厚宣主編	中國社會科學出版社	1999
合集來源表	甲骨文合集材料來源表	胡厚宣主編	中國社會科學出版社	1999
合補	甲骨文合集補編	彭邦炯、謝濟、馬季凡	語文出版社	1999
花東	殷墟花園莊東地甲骨	中國社會科學院考古研究所	雲南人民出版社	2003
懷	懷特氏等收藏甲骨文集	許進雄	加拿大皇家安大略博物館	1979
後	殷虛書契後編	羅振玉	集古遺文第一	1916
吉大選	吉林大學所藏甲骨選釋	姚孝遂	《吉林大學社會科學學報》1963年第4期	1963
輯佚	殷墟甲骨輯佚：安陽民間藏甲骨	段振美、焦智勤等	文物出版社	2008
集成	殷周金文集成（修訂增補本）	中國社會科學院考古研究所	中華書局	2007
校釋總集	甲骨文校釋總集	曹錦炎、沈建華	上海辭書出版社	2006
京人	京都大學人文科學研究所藏甲骨文字（圖版篇）	貝塚茂樹	京都大學人文科學研究所	1959
卡博	卡内基博物館所藏甲骨研究	周忠兵	上海人民出版社	2015
類纂	殷墟甲骨刻辭類纂	姚孝遂主編	中華書局	1989
錄	甲骨文錄	孫海波	河南通志館	1938
明後	殷虛卜辭後編	明義士著、許進雄編輯	藝文印書館	1972
摹釋總集	殷墟甲骨文刻辭摹釋總集	姚孝遂主編	中華書局	1988
契合	契合集	林宏明	萬卷樓出版	2013
前	殷虛書契	羅振玉	集古遺文第一	1913

簡　稱	全　　稱	編　著　者	出　版　社	出版時間
山博	山東省博物館珍藏甲骨墨拓集	劉敬亭	齊魯書社	1998
史購	史語所購藏甲骨集	李宗焜	中研院歷史語言研究所	2009
善	善齋甲骨拓本	劉體智		
通	卜辭通纂	郭沫若	日本東京文求堂書店	1933
屯南	小屯南地甲骨	中國社會科學院考古研究所	中華書局	1980、1983
續存	甲骨續存	胡厚宣	群聯出版社	1955
佚	殷契佚存	商承祚	金陵大學中國文化研究所叢刊甲種	1933
英	英國所藏甲骨集	李學勤、齊文心、艾蘭	中華書局	1985